不会聊天就出局

安小妖——著

中国出版集团 现代出版社

图书在版编目（CIP）数据

不会聊天就出局 / 安小妖著. -- 北京 : 现代出版社, 2019.4
ISBN 978-7-5143-7669-2

Ⅰ. ①不… Ⅱ. ①安… Ⅲ. ①语言艺术 – 通俗读物 Ⅳ. ①H019-49

中国版本图书馆CIP数据核字(2019)第046724号

不会聊天就出局

作　　者：安小妖
责任编辑：申　晶
出版发行：现代出版社
地　　址：北京市安定门外安华里504号
邮政编码：100011
电　　话：010-64267325　64245264（兼传真）
网　　址：www.1980xd.com
电子邮箱：xiandai@cnpitc.com.cn
印　　刷：三河市国英印务有限公司

开　　本：880mm×1230mm　1/32　印　　张：10. 25　字　　数：184千字
版　　次：2019年4月第1版　印　　次：2019年4月第1次印刷
书　　号：ISBN 978-7-5143-7669-2
定　　价：42. 80元

目录 | Contents

约会、升级关系 03

约会大作战

真 情 实 战 04

如果爱，请好好爱

05 小妖微问答

附录 形象永远走在能力前面

自身建设

人生永远没有太晚的开始

当我们努力使自己变得比现在更好的时候，

我们周围的一切也会变得更好。

01

“当我们努力使自己变得比现在更好的时候，我们周围的一切也会变得更好。”这是很多人喜欢并相信的一句话。而针对脱单与恋爱这块，小妖想说的是，我们努力做到更好，努力让自己变得更优秀，是想万一哪天遇见想去爱、想去保护的人了，可以很有底气地去爱。而不是躲在角落里看她在别的男生面前笑靥如花。

在吸引或者追求女生时，修炼自己，比一味地迎合她、对她没有限度地付出更重要也更有收获。这一章主要从男性的个人提升、培养自信心、幽默感、情商这四块展开。

自我提升：
让自己喜欢的人喜欢上自己

很多人会来问我，为什么和女生聊两句女生就不理我啦？还有就是为什么我和女生没有话题可以聊？其实很多时候，我们都陷入了一个误区，认为聊天是吸引女生最重要的一部分，要求自己的聊天要非常有趣，最好能够让对方哈哈大笑，甚至希望能够通过一段对话就让对方爱上自己。

这当然是痴人说梦，如果你一次一次试图用言语逗对方开心，那么，你就会沦落到一个靠着取悦别人来赢得存在感与成就感的地步。

你可以思考一下，又有什么人愿意喜欢这样的男生呢？很多人期待有一套神奇的聊天话术，只要学会这套话术就能够无往不利、所向披靡。但是抱歉，我这里没有，也没有人会有。

不知道你们有没有经历过这样的事：你在干吗？吃了吗？睡了吗？对方没有回复，然后就眼巴巴地等着，只期待对方能够给你一个眼神。

你为什么会这样呢？有三个方面的原因：

1. 你没有其他的选择，所以这个人对你来说非常重要，重要到你不知道应该怎么对她，只能不断地发问。

2. 你的生活太无聊，你实在是太过于单调乏味，所以导致你不知道和对方聊什么，你也不知道她到底会喜欢什么。你的生活，只有上班和下班，只有工作和睡觉、游戏。那么，你的生活是这样，你希望能够吸引什么样的女生呢？

3. 你有太多的需求感，你付出了太多，女生对你爱搭不理，你也不知道该如何继续，只能用如此笨拙的方式。

但这是不应该的。

如何让自己喜欢的人喜欢上自己？如何让自己变得受人欢迎一点？如何让自己身边有更多的选择和追求者？

我们应该把目光放在自身，给自己时间和空间，让自己的生活丰富多彩起来。好多人不想做任何改变，不想自己付出任何努力，就希望有一天，出现一个女生，给自己带来丰富多彩的生活，但这不现实啊，你得自己先是丰富多彩的，才能遇见那个彩虹一样的人呀。

首先要说的是：健康而有吸引力的体魄。

经常听到有小伙伴和我说，我听了你的课，觉得很有道理，但是我还是不会吸引女生，这就好像是我听过很多的道理，依旧过不好这一生。为什么会这样呢？因为道理你听了，但是没有去执行啊。

就像穿衣和搭配，你要知道，有些衣服，别人穿着好看，你穿着不好看，不是因为长相，而是身材，男生的性感，在发型，在衣着，在身材，不在脸。养成定期健身的习惯，这会让你拥有一个好身材，而大部分的女生都欣赏好身材的男生，因为身材能够证明你有一个自律的生活习惯和健康的身体。

方案一：下载健身 App，如：Keep，自主锻炼，花费 0 元。

方案二：健身房，会员费 1000~3000 元不等。

方案三：上健身课，大班课和私教课可选，具体花费看你自己的选择。

不论哪个方案，都需要你有持之以恒的耐心。

其次是：打造好的生活模式。

有一个朋友，吸引女生的方式就是和女生去吃遍当地所有的美食餐厅，去各种各样好玩的有趣的地方，他对于北京好吃的餐厅、好玩的地方、好看的风景总是如数家珍。有时候，我都惊叹：天哪，他竟然知道这么多好玩的事，和他在一起，仿佛永远不用担心无聊，永远不用担心吃什么，也永远不会感觉到压力和尴尬。这是他在自己休息的时间里，一点点积累下来的经验，看了非常多的推荐并且亲自去测验过的，我相信，他的身边一定不会缺少选择。

关于如何打造一个优秀的生活模式，这个没有固定不变的答案，我只能给你建议，当然，你可以根据你自己的需求进行选择调整和更改。

首先当然是不要宅。不要每天除了上学、工作，就是打游戏，除非你是游戏职业玩家，除非你游戏排名世界前十，不然，你拿什么去和女生聊呢？聊坦克？聊 LOL？聊为了部落？！相信我，90% 的女生不喜欢，另外 10% 的女生，她们玩游戏，但是她觉得你菜！

培养一个兴趣爱好。画画、运动、乐器、看书、旅行……不论是什么，花时间去做，把玩手机的时间抽出来学习、沉浸在自己的兴趣爱好里，相信我，时光不会辜负你。当你沉浸在自己的爱好里时，也不会每天等着和女生聊天了，你要相信，当你有丰富生活的时候，对于女生而言，也更加有吸引力。

制订周密的计划。一个月看几本书，一年去几个地方旅行，要看几部电影，画几幅画，制订计划，然后执行，虽说人不是机器，但是生活需要自律，在你变得优秀的过程中，肯定会遇到很多阻力，但是要克服它。

很多人推说自己没有时间，我不信。小妖和大家分享下自己 2018 年的计划和已经完成的部分吧。年初小妖制订的 2018 年计划是：

1. 上半年学会游泳；
2. 每周去两到三次健身房，练出马甲线；
3. 每个月看 5 本书；
4. 去三个地方旅行；
5. 下半年学画画，每个星期画一幅画。

听上去很多，对不对？但是我在每天工作 8~10 小时且不耽误任何工作的基础上学会了游泳，练出了马甲线，去过两个地方旅行，2018 年已经看完了 60 本书，每周画画。所以从来没有时间不够，只有没有执行力、没有周全的计划和决心。当然，也有人将自己的懒惰与不肯改变提升，归咎到自己没钱。但其实，健身、看书、短途旅行、（自学）画画，根本花不了多少钱的。

去改变吧，你值得拥有更丰富、更精彩的人生。

举止和谈吐

有人会和小妖说：我明明长得不差，也很好玩，为什么她还是不喜欢我？

如果你把前面所说的都做到了，也做好了，还会有一个致命的小细节，会导致对方瞬间对你印象大打折扣，那就是**修养**。

一个人的修养和谈吐体现在什么样的地方呢？体现在你是否和每一个为你提供服务和帮助的人道谢；你是否每一次吃完快餐

都收拾桌子；你是否善待你身边的每一个人；你是否懂得幽默和无礼的区别。

不要在不恰当的场所表达不恰当的观点，不要去争一场没有意义的输赢，不要做一个输在细节的人。很多时候，女生在意的，并不是你开什么车，而是你对服务员的态度。

培养自信心：
自信的男生最有魅力

自信，就是一个人对自己能够达到某种目标的乐观的充分的估计。诚如你所说的，自信对一个人确实很重要。拥有充分自信心的人往往不屈不挠、奋发向上，因而比一般人更易获得各方面的成功。可以说，自信意味着已经成功了一半。

然而遗憾的是，缺乏自信的人仍随处可见。研究显示，人们之所以缺乏自信，有的甚至自卑，原因很多，但有一点可以肯定：这完全是后天形成的，与先天无关。因此，可以这么说，是人们自己把自己搞得没了自信，从而影响了自己的成功与前途。

还是那句话，最大的敌人是你自己。

那么，该如何科学、有效地培养自己的自信心呢？现提出如下合理化建议，供你参考：

第一，经常关注自己的优点和成就。

你总想自己的缺点和失败，当然会越来越没信心。这不是灭自己的威风吗？你必须长自己的志气。你总会有许多优点和成就的，把它们列出来，写在纸上。至少写出五个优点和五项成就。对着这张字条，经常看看、想想。在从事各种活动时，想想自己的优点，并告诉自己曾经有过什么成就。这叫“自信的蔓延效应”。这一效应对提升自己的自信效果很好，有利于提高从事这项活动的成功率。

第二，多与自信的人接触和来往。

“近朱者赤，近墨者黑。”你若常和悲观失望的人在一起，你也将会萎靡不振。若经常与胸怀宽广、自信心强的人接触，你一定也会成为这样的人。多与有志向、有信心的人交朋友吧。

第三，自我心理暗示。

不断对自己进行正面心理强化，避免对自己进行负面强化。当你碰到困难时，一定不要放弃。要坚持对自己说“我能行！”“我很棒！”“我能做得更好！”等等。你重复对自己念叨有信心的词语，是一种很重要的自我正面心理暗示，有利于不断提升自己的自信心。这已被心理学的研究所证实。

第四，树立自信的外部形象。

一个人，保持整洁、得体的仪表，有利于增强自己的自信心。举止洒脱，行为端正，助人为乐，目不斜视，就会有发自内心的自信。同时，加强锻炼，保持健美的体形，对增强自信也很有帮助。

第五，保持一定的自豪感。

一个人，谦虚是必要的，但不可过度。过分贬低自己，对自信心的培养是极为不利的。人不可有傲气，但不可无傲骨。要相信自己，对自己充满自豪感。

第六，学会微笑。

微笑会增加幸福感，进而也能增强自信心。你不妨试试看。你一笑，自信从中而来，几乎立竿见影。

第七，懂得扬长避短。

在学习、生活、工作中，要经常抓住机会展现自己的优势、特长，同时注意弥补自己的不足，不断求得进步。这样，你就会提高成功率，也会得到更多的赞扬声，肯定能增强自信。

第八，多阅读名人传记。

因为很多知名人士，成名前的自身资质、外部环境并不比你好。有的甚至在你这个年龄时，比你现在的情况差远了。多看一些这方面的书籍，会让你知道你其实是具备成功的条件的，成功也完全来得及，这样有助于提升你的自信心。

第九，做好充分准备。

从事某项活动前，如果能做好充分的准备，那么，在从事这项活动时，必然较为自信，从而有利于顺利完成这项活动。一旦这项活动做得很成功，必会反过来增强整体自信心。

第十，给自己确定恰当的目标。

目标太低，太容易实现了，不能提高自信心。但目标也不能太高。目标太高，不易达到，反而对自信心有所破坏。恰当的目标是：用力跳起来刚好能碰到。

实操方法

1. 尽量独立

自卑的人容易相信：自己离开他人就会一事无成。他们必须摆脱依赖心理，靠自己的能力去完成事情。独立，是自信的基础，也是自信的来源。只有独立地解决了问题，才会知道：原来我离开别人也是能够成功的，其实我也很厉害！

承担自己的责任，是培养自信的第一步。

2. 掌握一项技能

有一技傍身的人，任何时候都不容易露怯。因为他在任何时候都有底气，知道自己有拿手绝活，就算这绝活现在不能用，但至少他也有自学的能力！

通过自学掌握一项技能，不只锻炼了自己的学习能力，也能让自己在面对不了解的事物时，充满自信地说上一句："我现在不会，但我自学能力不错，只要我努力，一定能学会！"

3. 长期积累知识

自信的来源在于自己掌握的知识，一个学识丰富的人，即使性格内向，少言寡语，很少和身边的人接触，他也不会认为自己被他人轻视。因为，他有傲视他人的本钱。

当然，积累知识是一个长期的过程，就如同自信不是一朝一夕能够培养的。不断地提高自己的学识，总有一天，你会无比自信。

4. 做足事前功夫

做事没有自信，是因为对事情不了解，害怕出错，害怕失败。如果充分了解要做的事，了解它的每一个步骤，了解出现问题时相应的处理方法，那么，你还有什么害怕的?

俗话说，笨鸟先飞。害怕出错，就做足事前功夫，深入细致地调查要做的事，详细询问过来人的经验，有不懂的地方立刻请教他人，现在，是不是成竹在胸啦?

5. 培养从容态度

一个人的自信，可以通过一个人的仪态展现。仪态是你给人留下的最直观印象，培养自信，不可忽视仪态的改造。

说话时，要正视别人的眼睛，不要回避他人的目光；走路时，昂首阔步，不要低着头、走得匆匆忙忙；保持微笑，让别人看到你的信心……这样，别人才会更加相信你，你也能从中得到更多自信。

6. 敢于表现自己

自卑的人，喜欢把自己“藏”在人群中，恨不得所有人都不要注意自己。想要变得自信，要让所有人都注意你！

在公共活动场合，尽量坐到前排；在讨论问题的时候，尽量发表自己的观点；尽量报名参加一些集体活动，不论是户外活动还是探险……要给他人一个印象：也许我做的不是最好，但我敢于尝试，我在不断进步。

对于敢于突破自己的人，旁人往往不吝自己的掌声。

7. 给自己一个新形象

给自己一个新形象，改变自己的发型，改变你的着装风格，把你一向喜欢的旧布包换成青春亮丽的新皮包……改变，是一种心理暗示，新的形象，能给自己新的心情，暗示自己：我已经和从前不一样了！

8. 不要好高骛远，轻易追求完美

自信再向前一步，就变成自大和自负，它们的区别就在于：自信者脚踏实地，他能够切实地完成自己的目标；而自大者好高骛远，追寻着力所不及的事物。还有一个特点就是，自大者往往喜欢追求完美，总觉得事事都应满足他们的要求，一旦无法满足，他们又容易垂头丧气，从自大变为自卑，退回原地。

所以，不要好高骛远，了解自己的能力，你的自信才有价值。

9. 从小事做起

大事都是由小事积累的，所以培养自信也应该由小事做起。哪怕是身边最不起眼的一件事，也能为我们带来满足感。这种满足感就是自信的开始。

当你发现你能做好的小事越来越多，你对自己的能力就会越来越自信，面对大事的时候也不会像从前那么紧张，因为大事可以拆解为几十件、几百件小事，而那些小事都是你做过的，而且你完成得非常出色！

10. 表扬自己

自卑的人发现不了自己的长处，他们总是在为难自己。自信的人了解自己的短处，但是他们善于表扬自己。因为表扬是一种肯定，只有肯定了自我的价值，才能进一步扬长避短，改正自己的错误；而为难自己的人否定了自我，也不可能发现自己的潜力。

所以，从现在开始，盘点一下你身上的优点和缺点，优点放在前边，缺点放在后边，对着那些优点好好表扬自己一番，你会发现：原来，我是个这么优秀的人！

培养幽默感：幽默的男生最讨人喜欢

幽默感是吸引女生的一种特质。可以说，幽默感是一种很重要的社会价值。幽默，能表明你是快乐的源泉；能表明你懂得生活情趣；能展示出你的价值观；能突出你的个性；能展现你的自信（比如自我解嘲的幽默）；能化解尴尬和反转测试；能让你脱颖而出、成为众人的焦点。

总之一句话：幽默对于追女生是很重要的。跟其他追女生技巧一样，幽默感也是可以在后天培养的。

幽默的方式

一、反差

原理：先讲一个正常思维的句子，之后用逆向思维的句子来颠覆前一句从而达到幽默的效果。

反差其实是聊天中非常好的一种方法。自从有人提出这个概念后，很多的聊天高手都曾用过，但并未有人系统地将此方法进行总结。在这里，我整理了两个方法，在以后的聊天中，你们可以进行尝试。

1. 制造又爱又恨的感觉

女：你看我最近买东西的眼光怎么样？

男：真是挺不错的。（夸赞给对方一种是在称赞自己的感觉，这时女生会陷入自我满足的情绪）

停顿。（制造对话张力，给双方缓冲时间）

男：你该不会真是这么认为吧，我觉得你在开玩笑。（对话出现转折，女方情绪波动）

这就是最简单的一种“反差”用法，通过话题的变化让女生瞬间从被称赞得到的“满足”转变为未受到肯定的“不满足”，她这时的表情会特别可爱。想给你一记粉拳，却又不觉得你有做错什么。这就是我们希望达到的理想效果。

2. 通过反差来突出自己的某些特质

女：现在很多男生都很花心耶，你有了女朋友后会不会也到处拈花惹草？（典型的测试话术）

男：别逗我好不好，我怎么可能是那种人？（正常思维）停顿。（制造对话张力，可在严肃后转化为坏笑的表情）不过惹草对象是你的话，我可能要再考虑考虑是否给你个成功上位的机会。（逆向思维）

看到了吗，这样的对话女生还会觉得你无聊吗？还会怕你们气氛起不来？赶紧利用好这个聊天中的大杀器行动起来吧。

二、曲解

原理：快速制造暧昧的核武器，歪曲句子的原意，用一个新的角度来解读，从而达到效果。

女：你是哪里人？

男：我们才没认识多久，你就在关心我家在哪儿啦？（配害羞表情）

女：有个男生追求我很久了，你说我该不该答应他呢？（测试）

男：你想和我在一起就直说嘛！

发现没，在聊天中使用曲解可以达到快速暧昧的效果，而当女生为自己曾经的话去向你进行“解释”的时候，你就会发现，聊天真是件轻松愉快的事儿。

三、夸张

原理：对句子的原意故意夸大从而达到幽默的效果。

男：你知道我第一次见到你是什么感觉吗？

女：什么感觉啊？

男：心脏扑通扑通快跳出来了！（夸张）

女：（害羞的表情）

男：呵呵，刚逗你的，你还真信了啊！（和反差技巧融合，让女生产生强烈的情绪过山车的感觉）

“夸张”的使用将更利于你在聊天中植入情绪，增强互动的不确定性，从而产生幽默的效果。

四、反问

原理：用相同的句型来举一个比较无厘头的例子，来做比较将问题抛给对方。

女：有个男生对我挺不错的，你说我该不该喜欢他呢？（测试）

男：你对我也挺不错的，你说我该不该喜欢你呢？（配坏笑的表情）

聊天中使用反问，可以达到幽默感和情绪双重刺激的效果。

五、回避

原理：用答非所问的方式来回避她的问题。

女：你该不会对很多女生都说过这句话吧？（测试）

男：下次我和朋友出来玩的时候叫上你，你问问他们就知道了。

在很多时候我们面对女生的一些问题不好回答，这样子也不好那样子也不好，碰到这种情况我们就可以巧妙地应用“回避”的方法将话题的重心转移向对我们有利的一面。

六、调侃

原理：用调侃的方式，打压对方提出的问题的本意。

女：你觉得李易峰和王俊凯谁更帅一些？

男：（仔细看她的眼睛，盯着看）我很好奇，你的视力究竟差到什么程度了，你才会将他们和帅扯上关系。（这是在打压她的品位）

七、联系

原理：将一切的问题与对方制造联系、跟对方扯上关系。（每个人关心的都是自己）

女：你觉得杨颖和杨幂谁更好看一些？

男：在我的眼里，只有你才称得上好看，其他女生和你一比都弱爆了。（和调侃融合）

如何培养幽默

1. 有善于发现幽默的眼睛，培养深刻的洞察力，提高观察力和想象力，培养机智、敏捷的能力。要善于运用联想和比喻，把两个不同事物或想法连贯起来，以产生意想不到的效果。

2. 扩大知识面，幽默是一种智慧的表现，它必须建立在丰富知识的基础上。因此，要培养幽默感必须广泛涉猎， 充实自我，不断从浩如烟海的书籍中收集幽默的浪花，从名人趣事的精华中撷取幽默的宝石。

3. 陶冶情操，乐观对待现实，幽默是一种宽容精神的体现。要善于体谅他人，要使自己学会幽默，就要学会宽容大度，克服斤斤计较，同时还要乐观。乐观与幽默是亲密的朋友，生活中如果多一点趣味和轻松，多一点笑容和游戏，多一份乐观与幽默，那么就没有克服不了的困难，也不会出现整天愁眉苦脸、忧心忡忡的痛苦者。

4. 给自己找些乐子。看一些好笑的电视、电影、书籍之类。

5. 回想你平生最尴尬的几个时刻，然后从中找到幽默。再练习编织故事，用幽默的形式表达出来。也许需要加点夸张或戏剧色彩，但好故事都是这么讲出来的。要是自曝短处，自我嘲笑，你就更加融入幽默的生活方式了。

6. 提高语言表达能力，注重与形体语言的搭配和组合。

7. 必要时先“幽自己一默”，即自嘲，开自己的玩笑。

建议

最后，关于培养和加强幽默感，我的一些经验和建议是：

1. 不要为了幽默失去了自己

我们可以偶尔的装疯卖傻来博她一笑，但如果你只是靠扮傻装疯来让她开心，那你就已经陷入了一种怪圈，长期下去，你不仅会失去你自己，随后你还会失去你的爱情。

真正的幽默感是自然的，你是什么样的就是什么样，举手投足中流露出来的幽默才是真正的幽默。

2. 抄来的永远是别人的

偶尔吃晚饭的时候甩出一个郭德纲的段子来逗她一笑是 OK 的，但是想要说话一直像郭德纲？那你怎么不去德云社呢？再厚的笑话书也有翻到最后一页的时候。

抄来的东西永远都不能成为你自己的段子，那么不妨就给她讲讲你身边有意思的事儿。如果这件事儿真的很有意思，我相信她也一定会嘻嘻嘻地笑个不停的。

3. 谦逊是美德

在生活中偶尔像霸道总裁一样出现，也会让她眼前一亮娇躯一颤。但是你总是絮絮叨叨个不停，我相信任何一个人都会觉得你很烦。

自信的男生是性感尤物，自大的男生就是要被甩的废物了。所以要把握好这个度，别让大好的爱情白白葬送在自己手中。

培养情商：情商高的男生具有这些特质

低情商的十个表现

1. 不懂得基本的社交礼仪。总是喜欢麻烦别人，最经典而又普遍的案例就是：群发求赞、群发测试清理好友（这个行为不仅情商低，智商也低）、没有交情的时候直接开口要别人帮忙、不懂得说礼貌用语、不会道谢、不询问对方直接发语音、朋友圈刷屏、在封闭空间不询问别人就抽烟。

2. 始终要在言语上胜过别人。在表达自己的观点之前，先把别人贬低一番，以此来抬高自己，似乎只有自己是正确的，或者即便是一件很小的事情也需要和别人争出一个高低。

3. 把所谓的面子看得比天还大，不懂得低头、自尊心过高，怕失败不敢迈出第一步，也不开口求助，自己明明穷得要死，就是不肯改变，固守着过去的一点小小的虚荣，然后骂女生拜金。

4. 不能平衡自己的状态，情绪大起大落。要不就自我感觉良好，好像少了他事就干不成一样，要不就自卑得不行，说出来的话跟个废物一样。

5. 不懂得换位思考、自我反省，错的永远是别人，全世界皆你妈，听不懂别人的拒绝，也无法领会别人话里的意思。

6. 在公众场所对女生评头论足、开有颜色的笑话、对女生动手动脚。

7. 道德绑架。

8. 键盘侠。好看的女生都是婊子、有钱的女生都是被包养的、女生都爱钱、做生意的都是奸商、有钱的都为富不仁、被强奸都是因为女生穿得少……

9. 不懂得自己的身份和地位，总是在不恰当的场合，表达不合适或者说不应该他来表达的观点和看法。不懂得掌握尺度，刻薄嘴欠和幽默是两回事、口无遮拦和坦率是两回事、没有教养和随性是两回事、轻重不分和耿直是两回事。

10. 不会平等爱人，更可怕的是，有些人不仅仅是不会爱人，连被爱的能力都没有，在爱情里面只会付出不会索取，这种人在恋爱当中，就只有两种结果：要么辜负别人，要么被辜负。

其实还有第十一点，那就是，看完以上十点，情商高的人都在反思，情商低的人在反驳并且坚持认为以上低情商的行为和自己没有关系，自己完全没有任何问题，希望每一个小伙伴都不会经历低情商之苦，不会总是在不知不觉间为难了别人，又挫败了自己。

高情商表现清单

1. 不批评、不抱怨、不指责，充满激情和热情，保持正面的积极情绪

一个高情商的男生无论是对待感情、生活，还是工作，他们总是能够调动起自己的积极情绪，让好的心情常伴左右，不会让不良的情绪影响到生活或是工作。抱怨和指责都是负面情绪，对于解决问题实际上没有任何帮助，而且还会传染给别人、影响别人。当我们有负面情绪的时候就需要学会：合理的控制、释放自己的负面情绪。

比如学会独立解决问题、培养一个可以抒发压力的兴趣爱好、批评别人之前先自我反省和自我批评、甚至说有时候男生也可以痛哭一场，释放一下压力，这个社会不断在教导男生要像一个男子汉一样活着，流血不流泪，但其实男生承担了太大的压力，有时候痛哭一场来释放一下，这并没有错，也不代表你软弱，痛哭之后，收拾心情，带着满满的正能量再出发、再拼搏。

2. 不会轻易麻烦别人

在人情社交的今天，学会不麻烦别人是一种基本美德，比如说，能自己百度解决的问题，不要轻易开口麻烦别人是一种基本的素养，但是很多人都没有。我们要知道的是，每个人都是独立的个体，没有任何一个人有任何义务去帮助你，即便那个人是你

父母、亲人、朋友，帮是情分，不帮是本分。

3. 懂得聆听

懂得倾听和善于倾听，能够用同理心让身边的人更加舒适和信任，这不仅是高情商，更是卓越的社交技能。

聆听别人说了什么，多听多看多揣摩，而不是自己滔滔不绝，讲个不停，从进化心理学的角度来看，一个孩子如果想学会说话，都是从听、模仿和尝试开始的，有很多先天失聪的儿童语言表达都有障碍，尽管他们的言语系统并没有问题，但是因为没有听到过说话是什么样子的，获取不了信息，也就自然学不会说话了。

4. 善于观察和赞美

赞美是真诚而发自内心的夸奖，只有当你能够看到别人的优点，那你才能进步得更快，如果你看到的永远都是别人的缺点，永远觉得你才是最好的，那就会故步自封，因为你认为你的水杯已经满了，又怎么可能再装进水去呢？

另外，没有人是不喜欢别人夸赞自己的，恰到好处的夸赞能够让对方觉得你是看重她、了解她的，而对于女生来说，恋爱就是要找一个了解自己、理解自己，并且欣赏自己的人过一辈子，因为她知道跟这样的人在一起这一生会非常舒服、非常自在。

PS. 赞美不是跪舔，两者是有本质区别的。

5. 记住别人的名字

高情商的人不仅能记住别人的名字而且也善于记别人的喜好和习惯，这并没有什么窍门，不过是善于观察且多用点心罢了。只要你用心记就能记住。

我相信大家都有过这样的感觉，如果在一群人里面，有人能记住你的名字，那他给你的感觉绝对是不一样的，就在这么小的一件事情里面，我们感觉到了对方的尊重，这是很难得的。而且，记住了别人的名字，别人也自然就更加愿意亲近你，和你做朋友，人脉关系也就是这么发展起来的。我们说中国就是一个人情的社会，这是永远改不了的，好的朋友圈子，才能够帮助你有更好的发展，获得更好的人生。

6. 有礼貌、绅士

沟通交流是一种技巧，真诚谦逊有礼是一种态度，如果只是有技巧没态度，那这样别人就不会和你长久相处合作，真诚谦逊有礼是一种素质与情商，更是卓越的品质，这种品质一般体现在非常细微的地方：随手将脚边的垃圾丢进垃圾桶、不麻烦别人、心怀感恩、尊重生命、善待身边的每一个为你提供服务的人、离开会议室把椅子摆回原位、把吃完的快餐盒和垃圾整理好、不乱弹烟灰等。

7．责任心

敢做，敢承担，不推卸责任，遇到问题，分析问题，解决问题，不逃避，不闪躲，不推脱，这个世界从本质上来讲，它还是公平的，你付出了就一定会有回报，我们要学会把眼光看得长远一点，不要斤斤计较眼前的一点利益得失，有的时候你可能承担了一部分责任，比别人多干了一些活，但在这个过程中你获得的成长，你留给别人的印象，就不是那一点小的利益能相比的。

8．会平息、停止争端

有时候放弃也是一种高情商的表现，放弃争端、停止争吵，会让你自己更加舒适，遇到蛮不讲理的人，你一旦开始和他纠缠，就会把自己的智商和情商和他拉到一个水平，时刻记住一句话：不与傻瓜论短长。

9．能独处、会沉默

不过分依赖他人，有自己独立的空间，能够合理安排自己的时间，这是高情商与高智商的表现之一。

当你被人误解，有时候并不要去积极地争论辩解，因为不是所有的人都理解你，因此你没有必要向全世界喊话去解释。在很多社交场合，也需要适当地沉默，这是优秀的品质，因为你要知道你并不需要通过语言来证明什么。

10. 不试图讨好别人

对自己有着清晰的认知和了解，充分相信自己，这样你不会再因为他人的评价而对自己产生不恰当的情绪，也不会因为他人的一句就患得患失，自信的人才具备更多可能性。不亏待每一分热情，也请不要委屈了自己去讨好任何一份冷漠。懂得爱自己的人，才值得被人爱。

如何提升情商

1. 学会划定恰当的心理界限，这是现在人际交往中非常重要的一项技能，清楚地界定你与身边人的关系，在一定程度上分开工作和生活。

2. 留一个只属于自己的港湾或者爱好，在你快要失去理智或者崩溃的时候，能够让自己平静下来。

3. 停止无意义的抱怨。

4. 制订清晰的目标，扫除一切浪费精力的事物。

5. 时不时地尝试一下另外一种完全不同的生活方式，这样会帮你拓宽视野，提高情商。

6. 你并不需要那么多的朋友。

7. 永远不要停止学习和阅读。

8. 接受自己的不完美。

聊天攻略

男生会聊天，到底有多重要

会聊天在恋爱前期更是发挥着极大的作用，
女生更乐意和那些说话令人感到舒服的人待在一起。

02

在过往的咨询中，小妖收到最多的求助是：不会跟女生聊天，也经常能收到女生对不会聊天的男生的吐槽。这年头，不学一些沟通技巧，你都不知道怎么开口和心仪的她说话，或者开口起的效果还不如不开口。“聊天”看似是个很日常的话题，但有人说它是技术，还有人说它是艺术，不管它是什么，和女生聊天都缺少不了用心的体会和观察。

会聊天在恋爱前期更是发挥着极大的作用，女生更乐意和那些说话令人感到舒服的人待在一起。本章会事无巨细地解决缠绕你许久的聊天困惑。

男女思维大不同

男生来自火星，女生来自金星

如果把男生和女生的大脑沟回组织结构图画出来，肯定是两个截然不同的形态。为什么同样的事情，男生和女生的想法会相差那么多？对方的脑袋中，到底充满了怎样稀奇古怪的想法和观念？只是性别不同而已，却仿佛来自不同的世界！很多人在追求幸福的道路上都想知道一些能够快速吸引女生的方法，于是学习各种和女生的聊天技巧、怎么和喜欢的人找话题、跟女生聊天的注意事项。

其实如何和女生聊天并不重要，关键是你要先知道女性思维和男性思维是有区别的。抓住了这点，那么接下来怎么和喜欢的人聊天、如何找到和女生聊天话题就变得非常简单了。

一、思维逻辑

男生的大脑被设定为：发现问题，解决问题。而女生的大脑被设定为：建立关系，维护关系。

在某些棘手难题形成的压力之下，男生倾向于自己独立解决。由于解决问题需要耗费大量脑力，因此他会变得沉默。此时女生就害怕了，因为同样处在压力之下时，女生倾向于找人倾诉。这很容易理解，女生的本能决定了：她如果不找人倾诉就无法独自解决。同时，能向别人倾诉也表明她并不孤单。

于是矛盾就出现了。

男生的沉默常常令女生感到害怕，因为只有在某些极端的压力下，女生才会选择沉默。例如，她完全不爱他了，所以有问题也不会和他说。但其实此时男生的沉默仅仅表明他在考虑问题。出于害怕，女生就试图让他开口说话，但这样一来就打断了男生的思路。男生无法一边说话一边想问题，这让男生非常恼怒。于是男生让女生闭嘴。这句话更加让女生坚信两人之间的关系出了问题。

男生常常抱怨女生唠叨，因为女生说了一大堆工作上、生活中遇到的问题。男生的大脑是被设定为解决问题的，因此男生以为女生无数个难题需要解决，这才是他烦恼的根源。但你要知道，女生只是要找个人谈话而已，事实上她不在乎你是否能解决问题（很多问题本身就无解），她只是要你听她说话，维护和你的关系，因此你只要表现出在听即可。女生是情绪化的动物，心情好的时候问题都不是问题，心情差的时候没问题也能搞出问题。等她讲完之后，心情一好，问题自然就解决了。

你看，真相原来这么简单，但令人吃惊的是，数十万年以来，男女竟然都互相不知道这些。男生必须先想到感觉，然后才能谈到感觉，而女生可以同时感觉、谈论和思考。男生的感觉集中于解决问题而不是交谈，而女生的感觉先是更多地集中于交谈，然后才是解决问题。

女生感到不开心时，需要情感支持。而男生感到苦恼时，最好的充满爱意的办法是给予他空间。

二、喜好

女性爱看八卦、肥皂剧、言情小说之类的，有些女生看到感人的电视，会被带入情景中，感动到流泪。男性则是对于体育、新闻、足球之类的一些东西感兴趣，两者差距显而易见。有很多拥有双重思维的男女不在我写的范围内，不用因为你会看八卦、言情小说就否定我所说。

这里涉及进化心理学不多做解释。如果你想走进她们的世界可以多看看杂志、八卦、言情小说之类的。

三、跟女生都聊些什么

我们在生活中也会遇到很多朋友和我们抱怨：不论我怎么开导女生都没有用，反而因为我的开导让她觉得我和她不是一路人，我不懂她。这属于一种心理学，当我们有压力的时候会以自我为中心。当我们遇到压力的时候别人说什么都没用，我们只会按照自己的思维观念来，当遇到否定、辩解的时候，会觉得对方不懂自己。大多数女生天生就喜欢说话，遇到一点事心里就闲不住了，感觉一肚子的憋屈，得把这堆话硬塞给别人。

有男朋友的就给男朋友打电话，没有的就找闺蜜、备胎，遇见谁抓着就一顿抱怨，讲完之后就舒适了，感觉终于把这一堆堵在心里的东西释放了。要是你在此时和她辩解或是否定她，那你就惨了，她肯定生气下线。安慰她的话出于朋友的角度讲一会儿她就自己结束话题了。

我们来看一个例子，有一个男生在和喜欢的女生通过微信互动时，女生以消极的态度一直向他抱怨社会的现实、残酷，感觉生活不容易。此时他们刚在一起一个月，男生按照自己的思路回复，大概意思是这样的：这个社会就是这样，很现实，你要坚强点，好好努力，你这么棒，我相信你以后能过得更好。回答完，因为思路不对，女生说他幼稚，没聊几句就结束了聊天话题。

很多男生在女生向他抱怨时，听了这一堆话之后，会发现她说得不对，然后开始辩解，想告诉她正确的思维，希望帮助女生。此时女生生气了，你不懂我，或者不说话了下线了。男生开始郁闷，怎么了？我哪里错了？我是正确的。到底怎么了？！当我们思想观念无法碰撞的时候我们很难去进行沟通，你可以想象一下，两个人在同一地点同时出发，路线不同能走到一起吗？答案是不能。

Tips:

我们首先去聆听她讲的是什么。

这里是第一层的字面意思。也是很多男生的逻辑问题，总是看到字面意思，不会体察女生背后的情绪，所以总是在感情中受挫。

当女朋友向我们抱怨社会现实，我们可以顺着挖一下，可能是因为工作、因为朋友、来自社会或者新闻的负能量。对社会不满，迷茫，不安全感，总体来说她想要发泄倾诉，我们只需要表示理解，表示认同。

在心理学沟通中我们有一个技巧叫作共振，就是表示出理解，让女生明白你能够在情绪上理解她，从而让她觉得你是一个和她三观一致、能够懂得她的男生，从而会更加信任和依赖你。

跟女生都聊些什么？我们记住这几条关键点，再次重复：

她向你倾诉，只是想和你说说话，而并不是要你帮助她，千万别去解决女生的问题。

我们只需要表示理解、表示认同。不要用你的想法去猜测她的心思。不要以为她会和你一样。

三十三式开场白

一、双方不熟悉时开场

1. 直接开场

所谓的直接开场就是简单的“Hi”。这样直接打开一段聊天也没什么不可以，轻松自然又不费脑。

注意：不要永远都用它开场。

2. 听说开场

直接以“听说”打开聊天，等到女生回复你之后，你再把下一句发过去。

听说……/？ / 听说你要请我吃饭。

3. 表情开场

表情包是拯救我们广大男性朋友的人间利器，从 Emoji 的微笑、偷笑、大笑，到各种兔、猪、羊、猫、鸭的宝宝……品类之繁多，表达之丰富。

以一个适合你风格的表情作为开场，也很棒！

注意：不要使用过分可爱、卖萌、耍贱以及大尺度表情，以免引起对方不适。

4. 好奇开场

好奇开场就是给女生制造预期，引起好奇，这样她会想要知道你接下来的话是什么，能够有效提高回复率。比如：你看起来很眼熟，我们是不是在哪里见到过；原来是你……

原来是你。/ ？ / 原来你就是我喜欢的女生。

注意：高回报 = 高风险，要想好开场之后的回答，否则女生发觉你是故弄玄虚，会显得自己奇怪又猥琐。

5. 冷读开场

所谓冷读就是通过观察女生的方方面面去推测她的情绪和状态。

比如：如果我没猜错的话，你的人缘一定不错吧；你有没有这样的时候……（莫名地心情不好；不想和任何人说话；只想一个人静静地发呆……或者觉得心情烦躁，看什么都不顺眼；心里闷得慌，想找一个出口……）

注意：对技能点要求较高，否则看起来会很傻，建议熟练掌握后使用。

6. 问题开场

每天都会有各种各样的热门话题，比如明星、娱乐、时尚……从中选取一个作为开场白，去和女生讨论都是可以的。

注意：尽量避开社会新闻、科技发明之类的话题，女生不感兴趣的可能性较大。

7. 赋格开场

赋格就是赋予目标一种限定的个性、行为特征。

比如：说真的，你愿意照顾体谅别人，这样的性格真好。/ 现在好多女生加了好友之后不爱说话，我觉得你不是这样的女生。

注意：把握赋格的范围，范围过大看起来就是没话找话。

8. 宠物开场

女生对于宠物的抵抗力不高，而感兴趣的程度又很高。

如果你或者她有宠物，这样的话题就更加自然。如果没有，就可以用“我想养 / 领养一个……”开头。

注意：对宠物有爱心是好事，但是表现爱心过度就会让女生怀疑你的目的。

9. 食物开场

食物是最没有隔阂的聊天开场白，每个人每天都要吃不止一顿饭。

比如：我今天中午吃了一份很好吃的牛肉面，有机会你该去尝尝。

注意：以食物作为开场白≠你早餐吃了什么？午餐吃了什么？晚餐吃了什么？夜宵吃了什么？

10. 小朋友开场

女生不管在什么年龄都有一颗被疼爱的心，愿意把她当作小朋友疼爱的男生，女生是没有抵抗力的。

比如：小朋友今天听话吗？／小朋友吃糖了吗？／哈喽，小朋友……

注意：长腿叔叔偶尔扮演就可以，频率过高是给自己挖坑。

11. “装熟”开场

两个不熟悉的人，聊天的最大障碍就是陌生感，这样的开场白能够有效拉近两个人的距离。

比如：你在深圳念书吗？／我好喜欢那里遍地的奶茶店。／重庆的姑娘皮肤都很好……

注意：装熟是为了拉近距离，所以不需要真的熟悉，一个比你还了解你家乡的人，感觉上会很奇怪。

12. 赞美开场

所有人都喜欢被称赞，只要这个称赞是真诚的、发自内心的。这样的赞美能够让女生对你有很好的印象，对你释放友善的信号。

比如：有没有人说过，你长得有点像杨颖 / 杨幂 / 刘诗诗 / 迪丽热巴？特别是你笑的时候。

注意：赞美≠跪舔，每个人对自己到底什么样都是有数的，过犹不及。

13. 头像照片开场

头像照片是很容易能收集到女生信息的，以此为线索作为开场也会非常自然。

比如：头像很萌啊……

注意：如果女生展示这类信息很少，不要硬用，否则就很像是群发消息。

14. 天气开场

天气是随时都可以抓取的信息，和女生聊天气状况，这是任何时候、任何情况都可以使用且不会尴尬的开场白。

比如：外面的天气特别好。/ 北京降温了呢，你那边呢？

注意：虽说对使用条件没有限制，但是要注意变通和应用，否则就是没话找话。

15. 纯情开场

纯情开场就是直接且纯情地和女生打招呼，让她知道你被她吸引到。不要担心这样太过，一个直接真诚的害羞男生，女生的抵抗力和防备心都会降低。

比如：我觉得你的打扮很好看，你叫什么名字？/ 我觉得你很有气质，你叫什么名字？

注意：一个纯情开场的男生应该干净清爽，已经开始油腻的话，这个就不适合你。

16. 资料相关开场

以我们之前对女生的简单了解作为线索，开展话题。

比如：你的名字跟我一个朋友是一样的。/ 你应该只有 21 岁吧……

注意：以确定的资料为基础，否则会很尴尬。

17. 星座开场

星座是女生多少都会有所了解的话题，简单沟通和互动是很轻松的。

比如：邂逅一枚白羊座小公举。/ 你好，双鱼座小女生……

注意：星座开场需要你本身对星座有一定了解，现场度娘是来不及的。

二、有一定的了解时开场

18. 旅行开场

临近节假日或自己有旅行安排的时候，以此为开场和女生聊天，什么情况下，女生对出去玩的话题都是感兴趣的。

比如：假期有什么安排吗？ / 我想去丽江，这个季节最好了。/ 我同事他们之前去杭州玩得不错，我也打算去看看……

注意：抽冷子蹦出来这样的开场会有点奇怪，要在生活确实有这样安排的时候会很自然。

19. 活动地点开场

以对方日常的活动地点作为开场，这样的话题很容易延续，和日常生活相关也不会生硬。

比如：你这几天还去 ××× 了吗？听说最近有活动。/ 我

上次在 ××× 公园 / 广场看到你了。

注意：是确定的地点，女生也确实会去，这样才不会生硬。

20. 家乡开场

家乡是很容易和女生产生情绪共鸣，两个人能够相互交流态度的。如果是老乡，据江湖传言 “老乡见老乡，两眼泪汪汪” 这种就更容易了。

比如：你听说了吗？家乡那边要……（什么变化）。/ 家乡这个时候都已经特别冷了。我想吃家乡的……（家乡特色）如果不是老乡，不用担心，让女生给你介绍她家乡的情况就可以。

比如：往常这个时候，你家乡那边是不是都很冷了？ / 我前几天还吃 ×××（女生家乡特色），不知道够不够正宗……

注意：家乡话题偶尔聊聊就可以了，出现频率太高也就没什么能说的了。

21. 回忆开场

童年和学生时光的回忆都是我们会怀念的生活，这部分回忆两个人很容易有相似的部分。

比如：我昨天梦见期末考试，我还没抄完选择题就要收卷，都给我吓醒了。

注意：要选择美好回忆开场，这样聊天的气氛才会比较欢快，毕竟没有姑娘愿意听人卖惨。

22. 书籍开场

书籍能够很好地展示我们自身的价值，和女生分享书籍中的观点、故事，都能够给自己加分。

比如：我昨天看了一本书，里面一句话说得特别好。/ 我之前看 ××××（书名）的时候，里面一个故事特别棒……

注意：书籍开场的确可以展示自身，但不要分享专业书籍或特别晦涩难懂的书籍，这样很容易被看成是在炫技（装 ×）。

23. 工作开场

工作每个人都会面对，什么时候说都不会显得突兀，也容易产生共鸣。

比如：我们这周末又要加班，最近项目时间有点赶。/ 我们公司这周要组织集体团建，应该会很累……

注意：工作的事情只供谈资和分享，不要和女生宣泄负能量和压力，否则很难进行下去。

24. 朋友圈开场

以两个人朋友圈之前的互动作为开场，像延续话题一样更加自然。

比如：欸，你昨天在哪儿吃的呀，我想带我朋友去……

注意：以朋友圈的互动作为开场，不是你昨天给她点赞了，前天给她点赞了，大前天给她点赞了，这样就很像你在窥探女生的生活，这对她来说，太变态了。

25. 分享开场

去和女生分享你今天或最近的生活、发生的趣事，和你亲近的人就是分享你生活的人。

比如：我昨天跟哥们儿去看了场话剧，还挺有意思的……

注意：只拣有趣的重点分享就可以，不需要流水账一样地汇报，这里是成年人的对话，不是小学生的作文。

26. 共同兴趣开场

要抓住两个人的共同兴趣，是兴趣那就什么时候聊都会有兴趣。

比如：我昨天去看了 ×××（你们喜欢的画家）的展览，你应该去的。/ 我新买了东野圭吾的书，好看的话送你一本……

注意：一定要是女生真正的兴趣，这样的开场白并不困难，难的是你能确定她的兴趣是什么。

27. 测试类开场

女生对各种各样的测试总会有用不完的热情，你可以收集一些比较有趣的，或者是比较专业的，给她测试的同时也可以更深入地了解她。

比如：情商测试、心理年龄测试、恋爱观测试……

注意：这些测试你自己要有了解，并且自己已经测试过，能给女生解答和分享测试的结果。

28. 求助开场

两个人正常相处的过程里，女生一般是不会推辞帮一些小忙的，这也可以体现她的价值。

比如：我朋友让我帮她带几盒面膜，我不太了解，可以给我推荐几个吗……/ 我想送我妈个礼物，但不太知道她适合用什么……

注意：求助的事情不要太麻烦，让她给建议就可以，否则气氛很容易尴尬。

29. 音乐开场

最简单的可以分享一首歌给她，同时配上感动她的歌词、吸引她的旋律。

比如：你听这首歌的副歌，要看歌词，特别暖……

注意：这样讲感觉的互动最好在夜深人静的时候，女生在逛街、唱 K 的时候，没心情管你分享的是什么。

30. 电影、电视剧开场

好看的电影、电视剧女生都是不会错过的，都看过可以聊观后感，都没看可以趁机邀约，都是好选择。

比如：××××（电影名）你去看了吗？特别有意思。/ 我昨天看 ×××（电视剧）的时候，发现凶手不是我之前猜的那个……

注意：讨论热门一点的剧，女生没看过、没听过就没办法延续下去了。

31. 邀约开场

干脆利落的邀约开场，女生在条件允许、心情允许的情况下，是愿意积极回应的。

比如：要不要一起去看 ×××（电影）。/×××（手机 / 电脑）上市了，陪我去买吧……

注意：关注你们的关系女生会不会答应，关注女生的时间允许不允许，否则唐突邀约是很尴尬的。

32. 妈妈开场

妈妈是所有人都会共鸣的重要角色，俏皮地提起你妈女生会迅速反应道："是的，我妈也这样。"

比如：你妈让你穿秋裤了吗？我妈昨天又叮嘱我穿秋裤，操碎了她的七巧玲珑心……

注意：不要聊自己依赖、妈宝的一面，说你和妈妈有趣的互动才能引起女生的共鸣，聊到家里人。

33. 共谋开场

共谋是指跟两个人做一件只有你们两个才理解，其他人都不知道的事情。这样能够让两个人瞬间熟悉起来。

比如：我刚路过第一次见你的广场，今天人特别多，也没有上次天气好。/ 我今天吃了你带我吃的那家店，觉得没有上次好吃了……

注意：这要建立在两个人有共同的美好回忆的前提下，让人惨不忍睹的共谋不包含在内。

聊天八术十计

谋篇

术一，以守为攻

“你什么工作”变成“你看起来像模特”。

“你多大了”变成“你看起来很小，跟我妹妹一样大”。

试着去做，你就已经摆脱了查户口，你可以让话题变得更有趣，也就是避免谈一些理性的户口话题，比如工作、年龄、家庭。

术二，转要为给

把理性的查户口（索取价值）变为感性的调情（提供价值），举例来说：

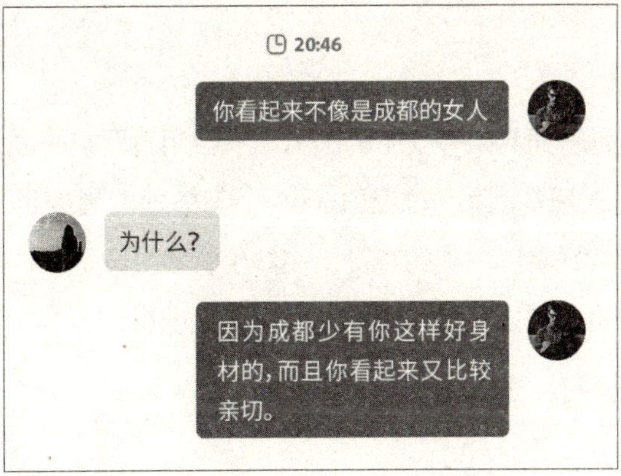

术三，细节夸赞

女生到底喜不喜欢别人夸她？当然喜欢了，但为什么你夸她的时候，她总是反应很差呢？我们先看一个对话：

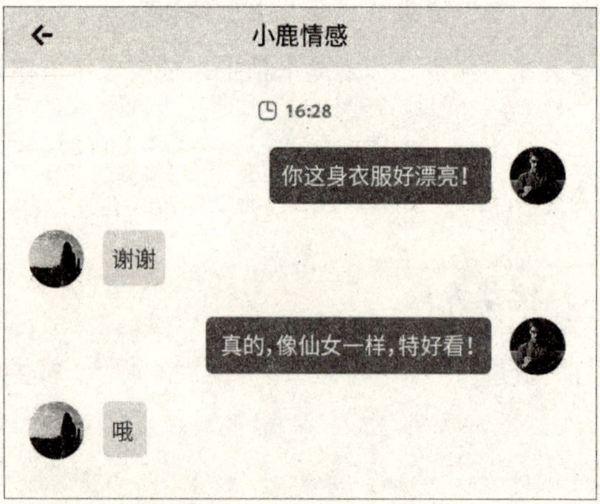

这就是普通男生夸女生的画风，只会用大而空的词语，这样为什么不管用？因为你前面 1000+ 个勾搭她的男生也这么夸，“漂亮”“好看”之类的夸赞，在女生看来更像是一种敷衍，所以你的夸奖，需要有诚意，还要再加一点创意。

比如：

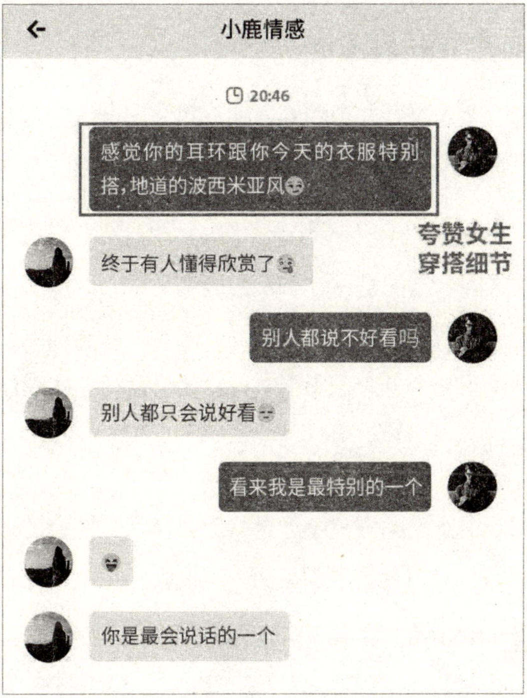
小鹿情感
20:46
感觉你的耳环跟你今天的衣服特别搭，地道的波西米亚风
夸赞女生穿搭细节
终于有人懂得欣赏了
别人都说不好看吗
别人都只会说好看
看来我是最特别的一个
你是最会说话的一个

同样是在夸赞女生，从女生耳环和搭配等细节入手，就能让女生感受到真正被欣赏的喜悦，她就会由衷地想要跟你继续聊下去。但是要注意尺度，不要为了和女生持续聊天而不间断夸赞，持续的夸赞会暴露需求感。

术四，开放式圈套

如果一个人对某件东西感兴趣，然后你把这件东西拿走，当你再次给她这件东西的时候会引发她更大的兴趣。开放式圈套由此而来。

开放式圈套指的是：在和女生的沟通中，你没有直接地描述完整的想法、故事、情绪或者感受。比如你看一部电影，但电影的最后出现了一个悬念（彩蛋），你便会期待它的续作。

例一：

假如一个女生问你“今天过得怎么样”，你会怎么回答？是“很好”吗？那你就弱爆了。

你应该多使用一些开放性的词语进入交谈，你的提问一定要让对方有发挥的空间和余地，这样才能让对方有更多的机会去表达自己的感情。并且一定要在对方的信息中找到兴趣点，让她更愿意跟你继续聊下去，所以在她问你今天过得怎么样的时候你可以回答她：

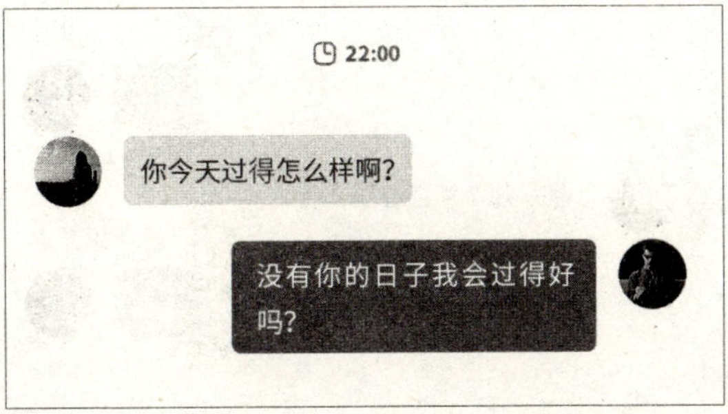

我相信你这样回答一定会提起女生的兴趣，从而增加更多互动。

例二：

你可以在得知女生家住哪里之后问她：“你知道你家附近最有意思的是什么吗？”

不论女生作何回答，你都可以让她猜一下之后，再告诉她：“是你。”

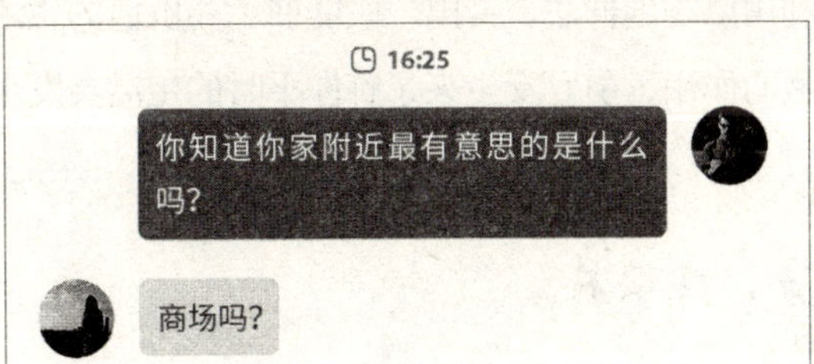

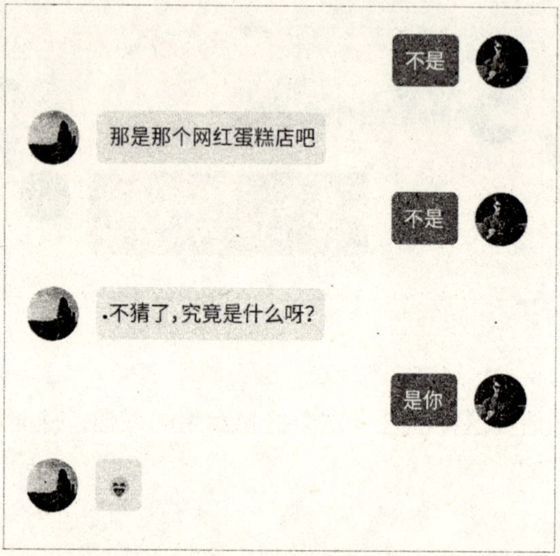

例三：

同样是知道女生的学校、工作或者生活地点之后，告诉她：“×× 地方，我之前经常过去转悠。”

这个话题中，关键词有地点、转悠，那么在之后的对话中，你可以利用话题延伸法，带出一段能展示高价值的生活经历。还有个隐藏的作用，引导女生来了解你平时的生活会发生些什么有趣的事。

术五，冷读术

目的：拉近关系，让对方觉得你了解她。

描述：冷读术是撩妹聊天过程中必不可少的话术技巧，它可以瞬间让你们关系升温，打开话题。

常用套路：

你看起来好像……（很累/过得不顺/有什么开心事，偷偷告诉我，捡钱了吗）

我觉得你……（这几天过得很不一样/发型变了，有什么原因吗）

你的一些行为（做事风格变了/突然不说话了）让我觉得你是……有什么心事？

我忽然觉得，你跟平时看起来不太一样。

你有没有发现……

你有没有注意到……

你有没有特别意识到……

你潜意识是不是感觉……

惯例：

1. 你想不想知道你在我心里是怎么一个人？记得停顿 10 秒钟制造期待感，然后说：其实你是一个很容易满足的人，但是这一点小小的满足却总也得不到。

2. 我觉得你呢，不会毫不思索地接受别人的观点，很有自己的主见，不过有时很固执。

3. 你外表虽然自信开朗，但是内心也有烦躁不安的一面，而且你希望被人喜欢，受认同的欲望太强烈了。

4. 我觉得你应该有点双重的个性，有时很热情，温柔，但是心情不好的时候会对人非常冷漠，不希望别人给你太多的约束，你应该会爱某种程度的变化和自由，受到约束和限制就会感到不满。

5. 你很开心，特别和你朋友在一起的时候，但是当你一个人静下来的时候会经常很伤感和无助。

6. 你喜欢自由，又喜欢玩。不过，你的朋友和家人在你生命中有很重要的地位。讨厌约束，但是对你家人和朋友，你很爱护她们。

术六，万能聊天公式

按照关系进展程度，聊天分两个阶段：

约会前聊天：

60% 共同话题 + 30% 轻松氛围 + 10% 安全感 = 邀约确定

约会后聊天：

40% 共同话题 + 30% 互动调情 + 30% 安全感 = 关系确定

约会前聊天是重点，聊天是为了邀约，多数男生的理解误区是：以为在微信和女生聊得很多、很暧昧才能邀约。这个理解的错误之处在于：一、聊天时间越长，越容易暴露出你的需求感；

二、聊得越多，神秘感越少。多数单身男生生活单调，跟女生又缺乏交集，可聊话题非常有限，聊多话题自然会枯竭。

第一步：共同爱好，获得好感

女生跟男生聊天，无非是想获得愉快的体验。初次聊天，有共同话题才有可能聊得愉快，星座、美食、旅行、宠物、娱乐、摄影、时尚等话题95%的女生会感兴趣，只要你仔细观察女生的朋友圈，了解她大概的喜好，就可以有针对性地选择话题和她愉快地沟通。

第二步：加深了解，有安全感

第二次聊天的重点，是安全感，女生天生缺乏安全感，聊天再愉快，如果不确定跟你出来是安全的，那她80% 不会赴约。

一切可以让女生更加了解你的话题，都可以给予安全感，工作、小时候的经历、对于未来的规划，不仅增加安全感，还会让女生觉得你很上进，对你的好感倍增。

当然，第二次聊天，可以加入“模糊邀约”，比如“××有一家新开的日料不错，改天一起去尝尝”，这种不确定日期的邀约，可从侧面探察女生的态度，只要第一次聊天 OK，她一般都会给你肯定的回答。

第三步：合理借口，邀约变现

前两步顺利完成，那就需要进行邀约“变现”，第三次聊天，聊聊之前聊过的有趣话题，在某一时刻，像突然想起一样，对她说，“对了，上次不是说一起吃日本料理嘛，我最近不忙了，你呢”，然后依据女生的安排，敲定约会的具体时间即可。

当然，如果你害怕自己还是聊不好，请记住“话题 + 经历分享”这个公式，它能让你更快地“撩”进她的心房。

术七，平衡术

很多时候我们只是看到了女神，但我们忽略了一个问题，某个女生在你眼里是女神，可能在别的高价值男生眼里只是一个普通的女生。并不是对方真的有多高不可攀，是对方的价值照见了你的需求。

你追的不是女生，而是自己的欲望！这就是大部分男生跪舔的原因。我们不管如何隐藏自己的需求，需求早就以各种形式散发出去了，但是为了避免暴露需求，我们也不能走极端，去使用不和对方说话这种笨办法。

保持聊天和互动的平衡，是你吸引人的一个至关重要的点。当你们聊天失衡，就说明你过多地暴露了需求感，女生会感觉：你对我是有所图谋的，从而开始疏远你。

故此，平衡术的一个关键词叫作“同频”。同频的意思是：和女生聊天的时候，需要和她保持相同的频率，简单来说就是：她回复快，你回复快；她回复慢，你回复慢；她回复字数多，你也相应地回复积极一些。

平衡术的另一个关键词叫作“好奇”，以好奇的方式引起女生对你发起提问，从而开始让女生暴露需求感。对方一旦暴露了自己对于我们的需求，游戏难度就会下调，起码会从我们追逐对方变成双方平等对话，甚至是我们略高于对方，这将会加强我们对于游戏的控制力。关于好奇在聊天中的运用，后面的具体操作上会有详细的解读。

术八，层层递进

我们把聊天分为 4 个不同的层次，层层递进：

1. 话题层次——聊她喜欢的话题，建立安全感，不要冷场。

这个层次你们还处于陌生状态，推荐聊一些建立基本安全感过程的话题。比如：

一天必须要喝几杯咖啡。

今天在路边看到一只可怜的流浪猫。

这么开心，是不是捡到钱啦？

2. 升温层次——聊得开心，关系开始升温，植入模糊邀约。

在这个阶段，你们已经可以很顺畅地进行沟通，那么在这个阶段的聊天中我们可以通过第一个层次聊到的话题加入模糊邀约，可以适当根据对方的工作时间和性质进行模糊邀约，比如：

上次你说，想要领养一只小动物，我们附近有一个义工基地，要不要一起去照顾下流浪狗狗？

昨天跑完半马之后，整个人都废了，改天约你攀岩啊。

上回我们说一起看复联 4 的，上映了哦，要不要去看 IMAX 版？

3. 暧昧层次——完成约会，暧昧初步形成，关系升级。

在这个阶段，你们的关系已经有一些暧昧了，那么你就可以通过聊天继续加深这种暧昧，比如：

你知道和水瓶座最相配的是什么星座吗？

“今天我遇到了一个超级有气质的女生”，然后给女生发一张约会时给她拍的照片。聊一些星座、手相之类的稍显神秘的话题，然后把你们的关系通过这些话题牵扯到一起。

4. 关系层次——在完成约会之后，在聊天中暗示性地升级你们的关系，从而达到基本确定关系的目的。

我猜你今天一定想我了！

你以后想养几只宠物啊？我想养三只，一只狗狗，一只猫猫，还有一个可爱的女朋友。

计篇

计一，六步聊天法

打招呼 → 提供价值 → 索取价值（选用）→ 解决疑虑 → 提出邀约 → 服从测试。

第一步：打招呼

很多人老是纠结第一句话怎么说，如何才能凸显自己的与众不同。这就步入了一个误区。我们在一开始就强调了，不在于你说了什么，而在于“你是谁”。

所以打招呼，一个笑脸，一句“Hi”足矣。给女生一个招呼，让她去看看谁在跟她说话，让她自己决定要不要搭理这个人。记住，我们需要筛选出来对我们“人”感兴趣的女生，而不是对我们“话”感兴趣的。毕竟，和她约会的是你的人，不是你的嘴。可以参考的开场白是：

原来是你。

哈喽，小朋友，今天有吃糖吗？

水瓶女生，你好。

Eason 的歌迷，你好。

……

也可以选用提供价值开场。例如通过评论照片、签名等开场。首先扔出来一个女生感兴趣的话题。方便女生接下去。同样记住，很多时候，女生感兴趣的是这个“话题”，而不是你。当然，你可以得到更多展现自己的机会。

第二步：提供价值

作为一名男士，在很多时候都承担怎么和女生聊天找话题的责任。这是最基本的游戏规则。所以我们在打招呼得到回应后，应该立马找点女生感兴趣、有隐藏价值的话题聊聊。

有价值的聊天内容，需要长时间的摸索，我发现有以下几类：

类 1，发表状态

例如：

刚在 ××× 餐厅吃完饭，觉得这餐厅 ×× 挺好吃的……

刚从健身房回来，快累趴了……

我躺在沙发上发呆呢，可惜的是沙发不会说话……

这些话本身是无价值的，但是给女生提供了可以延续的话题。

类 2，开启新话题

衣、食、住、行、吃、喝、玩、乐、电影、艺术、风景、人文、历史、星座、天气、星辰、大海，每一个点都可以延伸出无数的话题。

今天路过一个蛋糕店，看到一个小女生特别可爱，将来我要是能有个这样可爱的女儿就好了。

哎呀，放假回来积攒了一个星期的工作，累成汪汪。

话说，这种天气到底要穿什么衣服啊？

你喜欢和穿什么衣服的男生约会啊？

健身餐好难吃啊！

下雨了，不想上班。

这两件衣服哪件适合我呀，搭配师？

下周要去上海出差，你在那里上的大学吧，有啥好吃的？

下周我娘亲大人生日，你说送什么礼物呀？

中年危机来得有点猝不及防，今天决定去买个保温杯。

……

无数的话题可以选择，只要你有善于观察的眼睛和真切的用心还有丰富多彩的生活。

类 3，延续话题

接着对方聊的话题往下聊，是很好的互动，例如女生说到“我在重温《钢铁侠》”，你可以回应：“我很喜欢小罗伯特·唐尼，但是漫威宇宙里面我最喜欢的是洛基，坏坏的。”吸引女生的，是你对这个世界的认知和价值观。如果有必要，向女生传递你的价值观、世界观、感情观，对你们关系的升级是非常有用的。

类 4，对女方发表自己的看法

一个打开话题的方式是评价女生照片，“你很萌啊，家里人知道吗”“你看起来不像坏人，实际很坏吧”……

其实每个人最关注的就是自己。所以针对女方的特质、照片、签名发表看法，是很容易得到她的回应的，同时还可以诱出对方的价值观。记住，发表自己的看法不是对女生进行人身攻击，也不是对她的主观意愿、宗教信仰、身材外貌、不可改缺陷进行抨击和不由分说的评价。

在和女生聊天的时候，女生的回复只有三类：

1. 有价值的回复，也就是积极的回复

针对女生此类的回复，你回应有价值的回复即可。

2. 无价值的回复（即呵呵、嗯、哦或者表情之类）

女生用此类回复的时候，会有两类情况。

A. 她不想搭理你。

B. 她不知道怎么搭理你。

对于不想搭理你的女生，你也没必要再过分地纠缠，原因很简单：话都不想说，还奢望她出来见你甚至爱上你吗？对于 B 类就很好办了，她不知道聊什么的时候，邀约是最好的解决方案。

3. 不回复

女生一直都不回复你就别追了。要么女生对你完全不感兴趣，要么就是你的某些价值观达不到女生的标准。

第三步：索取价值（选用）

为什么要用“选用”？就是告诉你只有在第一步、第二步你都得到女生的无价值回复的时候，你才可以用第三步。第三步最主要的目的是告诉女生：你也得为我们之间的聊天提供话题，不要让我一个人自说自话好吗？所以第三步一般就是很简单的一句“在干吗”。

如果女生还是无价值回复，例如“没干吗”，这时候你就可以跳第四步了。如果得到了女生的价值回复，你可以用价值回复回去，从而开启对话。

第四步：解决疑虑

在前文中，我们强调了，聊天的目的只有一个：邀约。但是我们在直接邀约女生之前，我们得搞明白一件很重要的事情：女生跟男生出去之前，一定会问的两个问题：1. 为什么？ 2. 干什么？

为什么：为什么你要约我？我为什么要跟你出去？

干什么：我们出去干吗？会不会遇到一些尴尬、莫名其妙的事情？

所以我们在聊天的时候，最好是在女生主动问起你这两个问题之前，告诉女生问题的答案。我们把这点放在第四步。当然，如果女生一开始就愿意跟你聊天，你可以直接把答案加在对话中，例如：

原来你是狮子座的，那我们有空得见一面。

最近天气不错，什么时候出来溜达溜达？

我们很近啊，有机会出来坐坐。

最近上映了部电影，蛮不错，什么时候去看看？

女生想要的问题答案，可能并不一定是“答案”，只需要给你约她一个合理的推诿而已。这看似不重要却又特别重要。让我们想想，如果你没有理由，莫名其妙地约一个女生，会发生什么事？1. 她会觉得你很随便，什么女生都约。2. 你约她没有一个正当理由，那么理由只有一个：你想睡她。

别笑，女生就会这样认为。

第五步：提出邀约

解决完疑虑问题，就可以直接邀约了。一般邀约以轻松为主。为了避免约的事情女生不感兴趣，所以以模糊邀约为主，例如我们教学最喜欢用的“溜达溜达”“坐坐”，等女生询问详情的时候，再进一步询问女生想干吗，而安排女生会感兴趣的事。

记住：不要给女生任何理由拒绝你。没搞明白状况就邀约，被女生拒绝后你很难分辨是女生不喜欢你安排的活动还是女生不喜欢你（虽然 80% 都是后者……）。

第六步：服从测试

在提出邀约，得到女生的肯定答复后。比如她会说“好的”“再看”“有时间再说”之类的回复，只要不是“不了”“算了”我们都认为是肯定答复。

是否是真的肯定答复，我们需要服从性测试来判断。例如，让她把她的电话号码发给你。用此方法来判断女生是真的打算和你出来约会还是口头应付着玩儿。或者是直接问她“你一般什么时候有空”“空的时候都喜欢干吗”来分辨她是否真的会跟你出来。

对于在陌生渠道（社交软件）认识的女生，第六步一般会询问电话号码和名字。同时在得到女生的回复后，把你自己的电话和名字发过去。

计二，双线聊天法

多数男生跟女生聊天很困难，并不是聊天思路错了，而是思路不完整，大家直线聊天，不断提问，无非是想快速了解女生，然后推进关系，这个思路正确，但是如果想要得到女生的芳心，还需要加入“曲线聊天”，曲线可以理解成轻松幽默的元素，它就像调味剂一样，可以让你枯燥无味的直线聊天变得丰满立体，让女生“心甘情愿”地告诉你自己的相关状态。

但是大家要注意的是：

60%直线 +40%曲线 = 心动男生
直线比例过高，就变成了木讷呆滞的直男；
而曲线比例过高，就变成了油嘴滑舌的渣男。

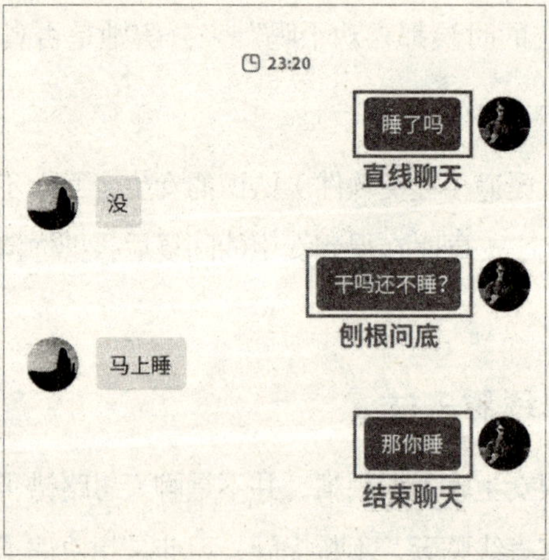

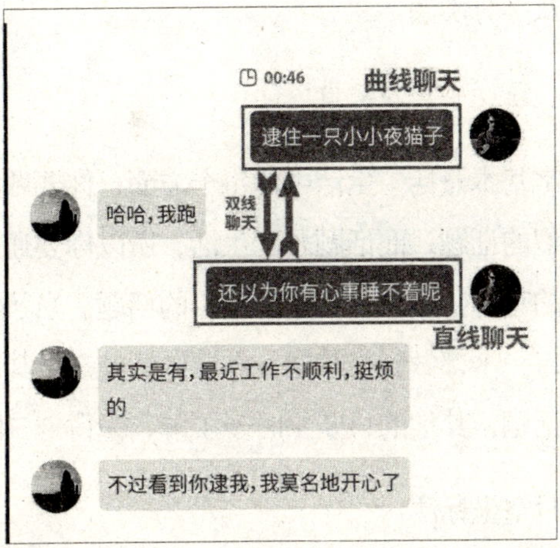

计三，三维聊天法

什么是三维聊天呢？

维一：人物定位法

我（自己）、你（对方）、它（第三方话题）。

所有的聊天主题分为这三类：自己身上的话题、对方身上的话题，以及繁杂多样的第三方话题。这三者不是完全独立的，而是相互融合、彼此切换的。

维二：八字分类法

吃、喝、玩、乐、衣、食、住、行。

这八个字基本概括了生活中的每个方面，你要做的就是均衡扩展每个类型的话题，而话题源于生活，所以你要通过这八大方面构建自己的魅力生活，才有丰富精彩的话题。当然我们经历有限，不可能每一个都做到很精通，你要做的就是把其中 2~3 个作为你的主打话题，其他的只要平时多了解，懂得一二即可。

维三：时空坐标法

我们每个人来到这个世界上，生活至今，都有或长或短的经历。如果把一个人放在时空坐标轴上，会被分为过去已经发生的故事、现在你正在做的事情、未来你的计划。

所以你要做的就是在三大时空里，通过八字分类分别收集自己的话题。

计四，三层试探聊天法

在和不熟悉的女生聊天时，是不是经常收到女生回复“哦”“呵呵”“嗯”？这时候你肯定就束手无策了吧？因为在和女生相处过程中，一个非常重要的概念被你忽略了，它就是：社交直觉。

所谓社交直觉，可以简单理解为：在和女生的交往中，保持自己与女生平等的地位，同时又能平衡对方语言中高冷、又令你尴尬的语言，让你们的聊天不会出现“尬聊”的情况。

例如当女生回复很简单时，代表着三种意思：

第一种：女生出于礼貌，但对你不冷不热。

第二种：女生现在很忙，不知道怎么回你。

第三种：女生不会聊天，可能对你有意思。

但是，只要你使用三层试探聊天法后，以上三种情况都可以一招搞定。“三层试探”的核心就是“近可攻、退可守”的社交直觉，顺利度过聊天的尴尬期，具体为：

1. 每次开启对话，以“三个回合”为一个周期，由你主动开启话题，由你主动结尾。

2. 每次联系以“三天”为一个周期，下次联系就是三天后。

3. 在三个“三天”周期之后，尝试一次模糊邀约。

计五，引导式聊天法

引导，起的是带动女生的作用，想要正确地使用引导，聊天的时候就必须使用陈述句，对你想要展开的内容进行陈述，同时，尽量减少一些语气助词。无论何种方式的引导，其实都在用同一种原理，也是引导的核心——“提供话题的方向”。

刚才我发现了一个秘密。

这句话就是直接引导产生的对话，话题最终会围绕着你发现的秘密展开。如果你有相关的内容，不妨先和女生试验一下，对比之前的展示效果。

这种秘密可以有多重表现形式，“刚才我无意中翻到了好朋友的日记，发现她竟然喜欢我，从来没有想过，她竟然会有这种想法”。引导之后，话题更好展开了，这样是不是特别有意思？

这个“秘密”有很多展开的内容，重要的是引导，只有引导才能合理地让你表达出想要展示的内容！单一的引导方式还有很多种，只要你能够提供话题的方向。

刚才我发现一件特别有意思的事。（引导向有意思的事）

最近好像新出了一部电影。（引导向和电影相关的事）

你可以通过你的想法、感受、状态，把你想要展示出来的一切内容引导出来。

计六，非正常逻辑聊天法

什么叫非正常逻辑聊天法？

不知道你注意没，在平时的时候，一些俏皮的、出人意料的回答总是会带来极为优秀的气氛效果。非正常逻辑聊天法便是运用了这样的原理，让你的回答出乎对方的意料，从而让她对你产生兴趣。

非正常逻辑聊天法的实战应用：

你要运用这种技巧，就要保证自己有着足够的幽默感，这是前提，不然你哪来那么多的俏皮话可说。好了，拥有了前提，下面就可以开始实战了。

比如说和女生聊天的时候，对方说：你的朋友圈里好多美女啊，正常的回答是，还好，没有啦，说完之后场面便会一度尴尬。所以面对这种“送命题”你应该更加机智，比如你可以坏坏地说：你这样是在间接夸自己是美女，这么坏的吗？或者可以更坏一点，说：还好啦，不多不多，你是第 100 个，哈哈。

计七，钓鱼聊天法

钓鱼聊天法的精髓只有六个字：先结论后原因。人都会有好奇心，尤其是跟自己相关的事情，所以聊天时你可以先说结论，自然会引发女生好奇，从而引导她通过不断地对你提问，不断地延续话题，不断地表达自我。

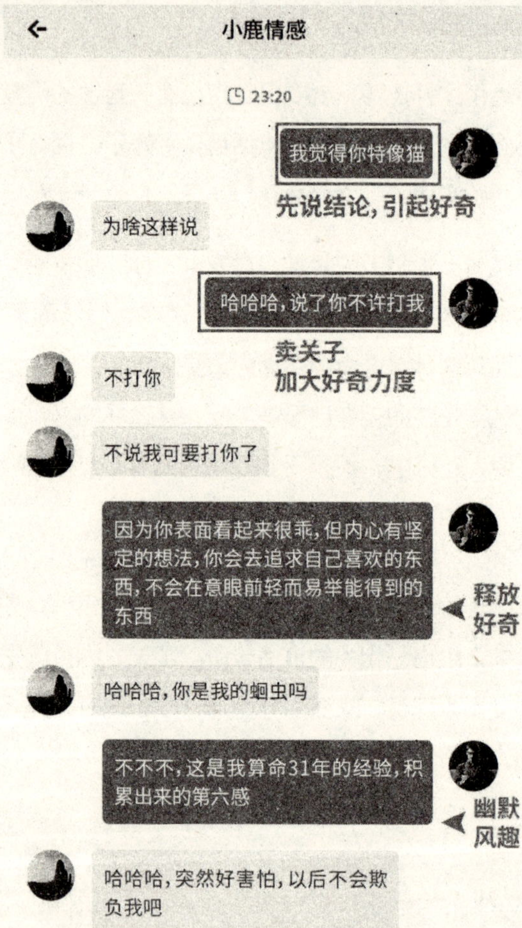
小鹿情感
23:20
我觉得你特像猫
先说结论，引起好奇
为啥这样说
哈哈哈，说了你不许打我
卖关子
加大好奇力度
不打你
不说我可要打你了
因为你表面看起来很乖，但内心有坚定的想法，你会去追求自己喜欢的东西，不会在意眼前轻而易举能得到的东西
释放好奇
哈哈哈，你是我的蛔虫吗
不不不，这是我算命31年的经验，积累出来的第六感
幽默风趣
哈哈哈，突然好害怕，以后不会欺负我吧

计八，情绪聊天法

其实和女生聊天是不需要你上知天文下知地理的，你只需要掌握很重要的一点，那就是不管是多小的事情，聊出来也都要带有情绪。

有科学家研究表示，在面对面的交流中，女生表达的内容占到了 7%，语调占到了 56%，肢体语言占到了 37%。可以看出，女生们是更看重情绪沟通的，和内容无关。因为在女生看来，就算对事件本身并不感兴趣，但是情绪对应上了，她都会很乐意继续和你聊天。

我们在建立合适的聊天氛围之后，要寻求延伸话题，把女生的情绪导向你的三观、你的个人魅力或是个人故事上，从而让她对你产生兴趣，愿意往后跟你有更多的交集。举几个简单的例子：

例一：

当你初次跟女生见面的时候，如果女生对你感觉还不错，她可能会问你一些问题，比如：

感觉你还蛮显小的，你今年多大了呀?

一般的男生都会这样回答："不小了，都 28 岁了。"（直接而没有情绪的互动，其结果就是直接结束了话题）

我们需要抓住女生对于你的兴趣点做一些延伸，你可以回复她：

你猜我多大了？（抓住了女生的情绪点，开始进行互动，引导女生“投资”）

看不出来啊，20 岁？（女生开始输出价值，并且进入你的框架，被你所引导）

哈哈，再过几天就是我 18 岁的生日了，你准备送我什么礼物呀？

建立轻松的聊天氛围，送不送礼物不重要，重要的是通过年龄这个话题，引申出来了新的话题——礼物，可以持续地进行聊天，从而产生更多的交集。

例二：

如果女生对你并没有兴趣，只是进行了一些简单的交流，甚至有些怠慢打压你，那么我们也可以尝试用情绪聊天法进行沟通：

比如你身材有一些瘦，女生说：“你好瘦啊。”（情绪点在你的身材上，甚至有些嫌弃，开始从你的繁殖价值上筛选你）

面对这样的问题，很多男生会说“没有啊，我不瘦啊”。很容易陷入一个为了证明自己而去反驳或者输出话题的陷阱，然后话题就被终止了。

其实，在面对女生看似不太友善的话题时，我们可以尝试这样回答：

好眼力，在下隐藏得这么深都被你发现了，这样的话有机会我可以带你环游世界啊。

那你怎么带我环游世界啊？

风大的时候就可以啊，我这么瘦，风一吹就能把我吹得老远呢，但是具体去哪旅游我就控制不了啦。

不要去试图解释说明些什么，顺着女生的情绪延伸下去，并且提供新的话题点——环游世界，对于女生来说，旅游是再好不过的话题了。并且引导女生产生疑问：瘦跟环游世界有什么关系？

当她开始被你的话题吸引，你就成功地延伸了话题，同时也使女生因为你们而有了情绪波动。

计九，开放式提问法

封闭式的问题一般而言是女生能够直接用“是”“不是”或者一个词来回答的问题，而查户口一般而言都是由连续的封闭式问题造成的，举例来说：

如果你问女生吃了没，女生说吃了。话题就这样被终结了。

你喜欢猫吗，女生说还行。话题就这样断了。

正确示范：

“你平时都有什么兴趣爱好？”这样对方的回答选择就变得多了，可以是旅游、读书、跳舞、玩《王者荣耀》。

“你下班都喜欢干吗？”对方的回答空间很多，比如看书、看电影、喝咖啡、逛街。

“你喜欢什么动物？”对方可以回答猫猫、狗狗、大象、长颈鹿等。

这样话题立刻打开了。开放式提问，其实很简单，就是避开闭合性提问，让女生自己去想象，话题往往就是这么被打开的。

计十，话题延伸法

顾名思义，不是不断地开启新的话题，直到聊死；而是在一个话题上去做扩展和延伸，从而达到有无尽的话题可以聊。

这个方法的重点就在于要有丰富的想象力与发散思维能力，抓住女生话题提供的信息后，用它去扩展话题。这样你就永远不需要担心聊天聊不下去，因为你永远有话题。

什么叫发散性思维？

举个例子：平时我们是不是经常会聊到吃饭这个话题？“吃饭”这个话题你能联想到什么？

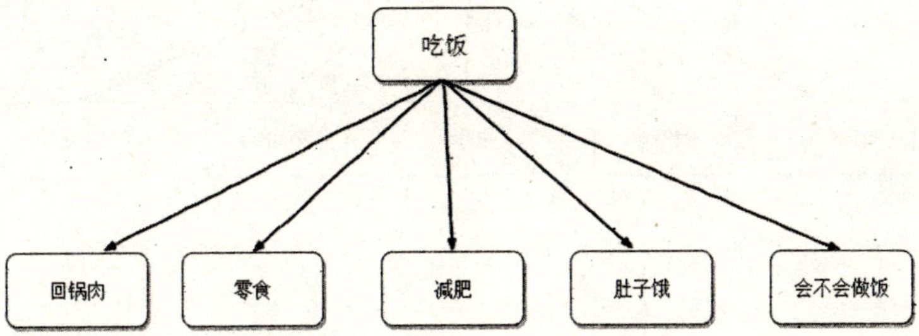

1. 一说起吃饭，我就想起老妈做的回锅肉了。

2. 是不是经常吃零食。

3. 现在减肥，都不敢大吃大喝了。

4. 本来不饿，结果一说吃饭肚子就饿了。

5. 会不会做饭，会做饭可以夸女生贤惠，不会做饭，可以让她叫师父，传授厨艺。

……

再举个例子：我们在聊天中经常会涉及的一个词叫小仙女，那么发散性地去想：

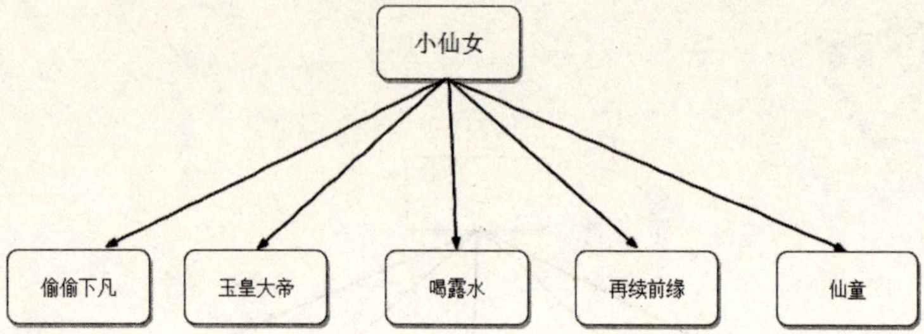

1. 现在仙女下凡了，你也跟着一起下凡。

2. 其实你的真实身份是玉皇大帝，专门过来惩罚她（让她伸出小手，打一下手心）。

3. 仙女都是喝露水的，她和别的仙女不一样，她喝花露水。

4. 小仙女是在天上的，天上不只有仙女，还有仙童。

5. 你可以把女生比喻为仙女，也可以把自己比喻为仙童。

6. 但你们走散了，现在需要缘分，让你们再次相遇。

这就是发散性思维，以一个关键词为中心点，以逆向、顺向、横向或组合式去围绕这个关键词思考所有的问题，简单来说就是：从一个点，向四面八方散开去的思维。

通过一个话题，进而延伸出很多话题，当你利用这种思维进行练习，掌握这种思维，很快你将会发现：你和女生有聊不完的话题，话题源源不断地从你的脑袋当中涌出来。

聊天的心态和禁忌

心态

如果，你每天都在等着一个女生回复你；

如果，你来来回回只会问“忙吗”“在吗”“最近好吗”；

如果，你担心没有话题；

如果，你总是害怕犯错；

如果，你永远在试图证明自己；

如果，你永远在讨好女生；

……

这不是你的聊天有问题，而是你的心态问题。

就像在一个舞会中，你只有一个舞伴，当天被别人邀请走了，你变成了一个可怜兮兮的失败者。但是，如果你有十个舞伴可以选择，那么，当一个女生被别人带走，你还有九个，不会慌张，更加不会害怕，因为你知道，你还有得选。

小妖的意思不是说让你变成一个处处拈花惹草的渣男，而是想告诉你，如果对方知道她是你唯一，你没有别的选择，也没有办法吸引别人。

那么，她会丝毫不害怕失去你，也越来越不可能为你心动。女生都有虚荣心，她想要成为你的独特唯一，这个独特唯一的意思是，你在非常多的女生里选择了她。而不是，你只能选择她，这其中是有非常大的差别的。

当然，你不能是一个花心大少，所以，你可以有很多选择，你可以很讨女生欢心，可是你不应该脚踩几条船。当你拥有了选择权，当你能控制自己的欲望，那么你就会在面对女生时拥有一个非常好的心态。那就是：我不被你选择，我不需要讨好你，我足够优秀，我也没有在追求你。

和女生聊天有一个大的前提：你是谁，而不是怎么聊。

如果你是一个和她不熟的人，一个对于女生而言没有吸引力的人，那么，不论你发起什么话题，对于女生而言都是可回复可不回复的。但是如果你是一个高价值的男生，如果你是一个吸引女生的男生，那么，你即便是发一个表情，女生也会在心里解读：他什么意思呢？他是不是想约我？哎呀，说点什么好呢？

还有就是，你和女生是什么关系，这直接决定了你们能聊什么。如果只是普通朋友，你关心她天冷有没有加衣服就很多余也很越界，如果你们是情侣，你不关心她冷不冷，这在女生看来就是“你不爱她”。

普通朋友不应该每天早安晚安一口一个宝贝。

熟悉的朋友不应该过于嘘寒问暖买药送饭。

亲密的朋友可以互相安慰但是不应该大胆聊性。

暧昧对象可以彼此试探但是不应该突然脑子一热就表白。

任何人之间都有一个边界值，所以，明白了吗？重点是，你是谁，而不是你说了什么，更加不是你聊的内容。在和女生聊天的过程中，一定要时时刻刻准确地分辨你们目前的关系，这样就能在很大程度上避免犯错。

聊天中七个需要注意的点

时间的选择

一天 24 小时，但不是每一个时间都适合聊天。就好比说在大清早，很多人都在洗脸刷牙、赶公交挤地铁、规划一天的工作、晨会或者睡懒觉。所以并没有多少精力和你聊天，更不可能和你聊得深入，她可能一下子就直接不回复你去忙自己的事情了。接下来就是中午、午餐和午休时间，相对而言会有一定的空闲时间，这个时候要如何开始对话呢？你可以关心她上午的工作有没有忙完、进度怎么样、中午打算去吃什么、要不要去午休等。

我们可以去稍微关注一下对方，从她的作息习惯上找到话题与其聊天，这个时间段适合简单日常的沟通。

重点在于轻松、情绪的互动，不建议开始深层次的话题。一天的工作结束后，就到了下班时间了，这个时候大家都比较懒散，女生也在心里构思：晚餐要吃什么、等下有什么安排、逛街还是回家刷剧。在这个时候就可以和女生聊些比较轻松又能体现生活品质的话题：美食、假期安排、最新电影、兴趣爱好、健身、书籍等。

如果聊得还不错，甚至可以趁机发出邀约来一场浪漫的约会。当然，即时性的邀约并不一定成功，所以大家可能还会停留在聊天互动的阶段。时间也到了晚上七八点钟，这个时候我们就拥有了一个相对私密空间和氛围。在这个时候她不用去担心周围别的因素去聊天、不用考虑旁边的同事、老板会不会突然间出现在身后这些因素，打破你们之间的一个气氛。同时她也会在晚上放下所有手头上的杂事，窝在床上看着电视。

那么在这个时候，就是一天当中是最利于你去调情和聊天的时机，但是呢，也需要你控制自己的聊天欲望。

不要从七八点聊到半夜、凌晨，即便是你们聊得再好，你感觉她反馈再好，也要学会刹车。不然，过两三天对方就腻了，留有余味总比好奇用尽来得好。

收尾

怎么结束聊天其实是一件比开场更加重要的事情，然而很多男生并不知道也不关注。他们觉得，好不容易聊上了，当然得聊尽兴才好，然后，女生的回复就越来越慢越来越少了，直到女生主动结束话题或者直接不回复了。原因在哪里呢？原因在于你没有掌握合适的时机结束你们的对话。单次聊天的时间控制在 15~30 分钟，互动良好可以延长时间到 1 个小时，但是，时间到了就要离场。开会、见朋友、看电影、看书，你得有自己的生活，等到几个小时后，自然地接上之前的话题就能够延续聊天了。

ps. 聊天时感觉有点尴尬或者冷场，就及时离场，等到自己状态调整好了再继续聊，这样能够拯救你 50% 的聊天冷场问题。

节奏

第一次和女生聊天，千万要记得不要秒回，那样会显得你有非常强烈的需求感。初次聊天，建议每次回复女生的时间是 10 分钟，也就是等她回复你之后，10 分钟之后再回复她。当然，也不要太久不回复，女生会觉得你太“花心”太不尊重她了。在日常和女生聊天的过程中，注意聊天的“同频”，简单来说就是，她多久回复你，你就多久回复她，永远不要她回复慢了你就一直追问。

颜色

不要和女生聊性，不要随便开黄色笑话，很低俗。不要把没教养当作幽默，也不要把黄色笑话当作性吸引。可以暧昧，但不要带颜色。当女生和你“开车”时，你也不要上去踩一脚油门。

问题

通常课程里面都会有这样一个建议，那就是不要问问题。其实啊，这个也是要分情况来看的，开局就夺命连环问肯定是错误的，但是，日常相处中，有很多情况，无需求的提问方式，也并无不可。比如说：“你中午吃的什么呀？我不知道吃什么。”

打压

不知道是哪个自我感觉极度良好的人，开始推崇给女生打分，然后根据女生分值，高分的女生使用打压，低分的女生选择性使用打压，这个行为真的非常智障且低价值。她们是活生生的女生啊，她们有喜怒哀乐，谁还不是父母的宝贝？如果你都学不会尊重女生，那么你不配拥有女生的爱情。小妖想说的是，打分制没什么问题，但是单靠外貌去评判一个人，不论男女，都是粗俗和没教养的。不由分说地对一个女生使用打压，也是没教养的体现。“你这条裙子真好看，我奶奶也喜欢这样穿。”“你口红的色号，和你的衣服并不搭配。”Sorry？大哥，你哪位？你有什么资格对我进行这样的评价？！

所以，优秀的男生，尊重女生，不够优秀的男生，才会通过这样的行为获取女生对自己关注，像一个小丑一般。

邀约的时机

邀约的方式，在之后的内容中会有详细的讲解，这里就不再重复提，这一章节要讲的是：怎么分辨邀约的时机。聊天的目的是邀约，约会的目的是升级关系，所以，如果你想和女生升级成为男女朋友，你就得掌握恰当的时机进行邀约。

这个时机就是：你们互动最热情的时候。女生及时回复、愿意投入你的话题、她对你的生活表达好奇，如果你们的互动已经到了这样的地步，不要犹豫，用之前学到的方式去邀约吧！聊而不约是非常不尊重女生的行为。

很多男生问，为什么之前聊得很好，女生慢慢就不回复了，因为你已经透支了女生的耐心呀。她会觉得你可能并不喜欢她或者并不打算和她发展长期的关系，所以逐渐开始冷淡。

如何在聊天中升级关系

单纯的吸引并不足以让你们有故事发生，吴彦祖特别吸引我，我会死心塌地等着他和我谈恋爱吗？不存在的对不对？要想能有故事我们还是需要进入下一个阶段，这个阶段就是开始建立她对你的舒适感。那什么是舒适感呢？

舒适感不是简单的和她聊骚、套近乎；不是每天去问“在干吗呢”“吃了吗”“晚安”，这有时候甚至都不叫联系，对有的人来说这叫单方面骚扰。舒适感是指对方对你的信任、安全感、愿意和你亲密而不感到别扭的感觉。然而这种信任不同于她对同学、同事、知己的信任，因为缺少那种特殊的亲密；这种安全感也不同于她对家人的安全感，因为与家人的安全感难以逃离血缘关系。

那么，如何在交往初期给女生建立舒适感呢？有这样几个方法：

一、共谋

共谋就是跟她一起做同一件事。有这种事的发生她会潜意识里觉得你们是一对情侣一样。

分为以下三种共谋：

◇◆现场现实共谋

你和她在相同物理空间上做同一件事情，叫作现场现实共谋。其实你和她约会做的每一件事，都算共谋，但是你要努力做一些比较特别的事情。普通吃饭、聊天大家经历得太多了，根本不能调动双方的情绪，很容易无聊。所以我们要做的事要让她有特别的情绪（紧张、激动、纠结）。

比如：人行道上最后 10 秒带着她跑到街对面（紧张）。当然，是在没车的情况下，有车还是别试了；在餐厅吃完饭，偷偷结账后告诉她，我们这次逃单，不由分说地拉她跑出去，跑一段后再告诉她这只是个游戏（生气、难堪、紧张）。

这个我们在操作的时候要注意度。如果对方本来很内向害羞而且敏感，你一下把人家拉到舞台上去跳舞献唱的，女生下来可能再也不理你了。根据不同性格的人做出不同的共谋。

◇◆现场虚拟共谋

你和她在相同物理空间但幻想一起做同一件事情，叫作现场虚拟共谋。幻想的事情要发生你们约会的地点，这样有代入感，很容易让对方参与你的共谋，并且越奇妙、越荒诞越好。这样会让她觉得世界只有你们两个人，并且在做十分有意思的事。这是最有效的一种共谋。

比如：仇人——情人——朋友这个游戏。

你们可以任意选在场的三个人，分别作为自己的仇人、情人和朋友。而且你们要说出理由，为什么这个人是仇人、情人、朋友。这个不仅可以建立你们之间的共谋，还可以通过对方的回答来窥探对方的喜好、想法和人格层面上的东西。如果对方选了一个其貌不扬的人作为情人，那么说明对方不是一个特别注重外表的人。而且你要注意到那个人身上的气质特点，这些东西总结出来可以做到更好地吸引。

◇◆非现场共谋

你和对方没有在一起（比如微信上），幻想一起做同一件事情，叫作非现场共谋。比如：聊天的时候，你们想象一起在秋天的时候玩落叶、骑单车、看秋景等。不过不提倡大量使用，因为控制不好很容易变成邀约，说得太多，对方会认为你要和对方做这些事情，大大增加你的需求感，降低吸引。

二、条件反射

初中生物课上，我们学过一项特别著名的生物学和心理学实验：简单来说是给一条狗摇铃铛，然后给它吃的，持续一段时间，它以后一听到铃铛声，就分泌唾液。这叫作巴甫洛夫效应，也叫作条件反射。铃声就是条件，分泌唾液是条件触发的反射。

那这个实验，铃铛、狗、分泌唾液和我们要讲的舒适感有什么关系呢？很简单，条件也就是那个铃铛声是我们要创造的，而反射即分泌唾液就是我们与对方所建立的舒适感。

ps. 这里只是举个例子，并没有任何不尊重女性的意思。

当你们一起玩时她情绪高涨，或者和你情意绵绵的时候，让一个东西反复出现在她视线内。

比如：一起抓娃娃后送给她的娃娃或者一本书，你说宝贝我给你读一段书吧；或者也可以是虚拟的东西，比如放一首歌一部电影。这样她以后看到这本书、听到这个音乐，甚至看到那个明星海报，就会想起你，想起和你在一起的时光，然后她的情欲开关又被打开。这也就是为什么送礼的时候要送她常用的东西，因为这个东西会成为她反射的条件。

比如：水杯，喝水时就能想到你；化妆品，化妆时就可以想到你；书，与其情节有关的东西都可能联想到你。

三、分享秘密

信任是组成舒适感的一个重要方面。要想获取别人的信任，不是说说就可以做到的，这是非常难的。你们可以想想，在日常生活中，我们要获得信任，必须表现好、口碑好，可能还要主动向对方投资，这也不能保证对方的信任。

有句古话，无事献殷勤，非奸即盗，所以还要有一定的时间跨度，这都说明信任的建立非常困难，所以显得十分珍贵。在和女生相处的时候，有了一定的时间积累后，你还需要一些投资，才可以获得相当的信任，这个投资可以是告诉她一个你的秘密。注意一定要一副煞有介事的样子，我们装也要装得像一点对不对？要她一定不能说出去，这样你的投资才显得有价值。

比如：你和对方说感谢对方这次约会的陪伴，为了感谢，所以透露一个秘密。这个自己把控，不一定非得是秘密，你讲真的秘密还可能把对方吓走呢对吧？

它可以是比较普通的一件事，但是你可以告诉对方，我不会去和其他人分享这件事。因为其他人不理解啊或者会根据这事来评判我啊之类。你甚至可以要求她给你也分享一个秘密，这样更为公平亲密，你们都是听过对方秘密的人了，这可是革命情谊啊。

四、回忆童年，展望未来

我们小的时候没有觉得童年多么快乐，但是长大后，见了太多残酷肮脏的东西，会觉得小时候特别有意思，并且认为童年的记忆十分珍贵。所以跟对方一起回忆小时候的开心事、悲伤事、糗事，可以迅速获得信任度和亲密度。而且更重要的，这也会让对方暂时卸下成年人的面具，迅速降低她对你的防备。这个很好操作，每年过年你小时候那点事不都是父母长辈的谈资吗？除了回忆童年，我们还可以做的是展望未来。

说句让你们清醒的话，人们总对未来充满自信的展望，而且人们趋利避害的属性导致人们去追逐带给她们快乐的东西。所以趁机表达你的人生观、你对未来的规划，等等。建立对未来的共同预期，增加联系感和舒适感。先回忆童年，再展望未来，这么长的时间跨度，会让对方觉得要和你过一生一样。

这四招是建立舒适感超级实用的招数，并且操作简单，一定要学会！但是在操作的过程中，一定要记得，不要刻意。如果你刻意僵硬地使用，不仅不能产生舒适感，还会让女生反感。最重要的是，你是否真心喜欢，如果真心喜欢，就忘掉那些套路、技巧，用最真诚的心去吸引女生。

破解女生的废物测试

废物测试释义

一个漂亮的高价值女性，她的身边总是有非常多的追求者，她没有时间一个又一个地相处了解，所以女性自身发展出了一套机制，用来快速筛选淘汰低价值的男性，这个快速筛选的方法就叫作：废物测试，一旦一个男生没有通过女生的废物测试，那么就会被女性归类为：废物。从而失去升级成为男朋友的机会。

女生用废物测试来衡量，是否值得和你进一步交往，所以你不应该只看到测试的表面，去敷衍性地答复对方，你应该认识到这是女生给你的一个机会，一个表现你与众不同的机会。这也是一个你和她进一步交往的机会，一个展示你高价值的机会。

可以说，针对女生的废物测试，如果你给出了一个完美的回答，很有可能因为一句话，你就触发了对方的筛选开关，被对方认为是个有趣的人。相反，一个很低水准的回答，极有可能会被女生瞬间 pass 出局。

废物测试什么时候会来？

当你展示出了足够的价值，你确实真正展示出了对方核心需求所匮乏的特质，那么女生开始对你有感觉，就会抛出废物测试。如果你没有展示价值，你基本是没什么希望看到废物测试的。

当你真正面临女生的废物测试的时候，到底应该如何机智又幽默地化解呢？

应对废物测试的三不原则——不解释、不抬杠、不较真。

很多时候，男生在面对女生的难题时，会进入一个纠结的状态，不敢回答，又不敢不回答，因为在他的潜意识里觉得，喜欢上了一个人，自己就低人一等了，所以想要努力赢得女生的认可，甚至于想要讨好女生。

可你只不过是喜欢上了一个女生，这又有什么好痛苦和自卑的呢？面对女生难题的时候，你首先应该抱着一种无所谓的态度，不用太较真，不用想着怎么解释也不用想着怎么吵架吵赢女生，有时候，你摇摇头笑一笑，就是最好的应对废物测试的方法了。

破解废物测试的方法

在三不原则的基础上，我们有这样几个方法，可以快速破解女生的废物测试，当然，同一个废物测试，也有不同的应对方式：

方法一：反问——你觉得呢？ / 你一直这么和人说话的吗？

举一些简单的例子吧，比如说，当你面临女生这样的问题：

我和你妈妈同时掉水里，你先救谁？

你爱我吗？

我漂亮吗？

我漂亮还是她（前女友、同事等）漂亮？

你都可以用这样一句话来回答：你觉得呢？当然，女生可能会说：我问你呢！你也可以说：我也在问你呀。

再比如，如果你面对的女生在一开始对你有着较强的攻击性，因为她觉得你是抱着不纯洁的目的（想要追求她）而接近她的，那么，你可以略带无奈地和她或者她的朋友说："你/她一直都是这么说话的吗？"在这个情况下，你可以直接设定一个这样的框架：我只是单纯地想和你认识一下，但是你是不是误会什么了？我并不是想追求你哦。一旦以你这样的框架设定，女生自然不会对你有这么强的防备心和攻击性了。

普京在一次直播互动中回答过关于落水先救谁的问题时，说过这样一句话：一个人如果决定淹死自己，那么不论你做什么都无法挽救他。

方法二：直接承认——谢谢你的认可/夸奖。

当然，你不可能永远靠着一句"你/她一直都是这么说话的吗”来应对女生的废物测试，当你和女生聊得越来越深入之后，有时候女生的话会让你有点措手不及，比如说：

你有点胖哦？/你肚子好像有点大。/你的发型好像和你的脸型不搭配。/你一直都这么闲吗？

当你面对女生这样的问题的时候，你要做的事情，并不是去解释自己为什么这么胖、为什么这么闲，因为你一旦开始解释，女生就会觉得：你看，我一句话他就紧张成这样了，他肯定非常没有自信/他肯定非常在意我的评价。

在这种时候，你要做的就是充分地相信自己，然后和女生说：谢谢你的认可。有情商的女生会知道，自己的话好像不太得体，低情商的女生也并不会觉得你在向她们解释。

又或者：

你并不是我喜欢的类型。

你这么快就打算要做我女朋友了吗？我还没决定好呢！

方法三：直接忽略——如果你想要展现高冷的态度，可以考虑把“呵呵”换成“有趣”。

在你们和女生相处的过程中，有一些无法继续沟通的情况，那就是女生的“呵呵”“哦”，这种时候，你并不知道如何去应对，好像继续尴尬地聊，显得自己低价值且暴露了太多的需求感，可是如果不逆转这种局面，女生也会觉得你价值很低。那么在这种情况下，你可以直接用这样的方式和女生聊天：呵呵。

——如果你想要展现高冷的态度，可以考虑把“呵呵”换成“有趣”。

什么？/嗯？/啊？不懂。

比如说你下次想说呵呵的时候，把呵呵换成有趣，你试试。

有趣。

哈哈哈哈，好玩吧。

通常情况下，女生都会觉得非常好玩的，而你也从被女生“呵呵”的尴尬气氛中缓解出来了。

方法四：转移话题——你有发现这里的杯子下面有一颗透明的水珠吗？

当你明显感觉女生的言语里有一些不太尊重或者说不太友善的时候，那要做的，要么就是直接离场，这个也是应对废物测试的一种态度，要么就是直接转换一个新的话题，并且引导女生投入新的话题里面去。

我不喜欢你的外套。

你有发现这里的杯子下面有一颗透明的水珠吗？

方法五：假否定

当一个女生对你发出一个疑问或者质问的时候，你要做的不是慌张地和女生解释，当你费心向女生解释的时候，女生要么认定你就是一个屌丝，要么就认定你平时肯定就是这样的人。不如我们采用一个这样的转折来回复女生，最好回复的时候采用断句，就是先回复否定，第二句再引申、夸大。

你经常这么和女生搭讪吗?

不经常啊，一天也就搭讪几十个吧。

你经常这样和女生聊天吗?

不经常，你大概是第一百个吧。

方法六：认可并夸大

先认可女生对你的评价，然后再用夸张夸大的方式表达出来，这样的聊天方式，不但直接破解了女生的废物测试，更是一种男生的幽默，我相信，没有女生能够拒绝一个幽默的男生。

你多高啊? / 你好矮。

我也觉得，其实再矮一点就好了，这样就能够买到半价票了。/ 哪里呀，我才150。

我漂亮吧! / 我的新包包好看吧!

漂亮! 等一下，你刚刚说什么漂亮?

破解废物测试的场景应用

1. 投资型废物测试

表现：女生让你发红包、让你帮她买东西、让你帮她做这件事。

释疑：没有女生是你用几个红包就能追到的，也不是你按照女生的要求买了礼物衣服裙子包包，女生就会爱上你，往往当你一次又一次答应女生的这些需求时，你就失去了对她的吸引力，何况，在绝大部分情况下，女生越是喜欢你，越是没有办法开口向你要东西。

应对方法：

（1）直接拒绝。你和女生刚刚认识，还不是特别熟悉，一个女生开始让你为她投资、买东西等，你要学会直接拒绝她。一个优质的女生，从来不会轻易开口向男生要东西，如果因为你的一次拒绝女生就拉黑你，那么也只能说明，要么这个女生是个老手，她借了钱也是不会还的，要么就是，你的吸引力实在太低，与其等到你付出之后再被拉黑，不如直接结束。

（2）如果你和女生开始熟悉，有一定的联系感和吸引力，女生这个时候想要你为她投资，其实并不全是废物测试，也有很大可能是她想要知道她在你心里的地位或者说是想要明白，你是不是一个愿意为她付出的男生。在这种情况下，如果你不同意，女生会觉得你特别抠门，如果你直接同意了，女生又会觉得，你一点挑战性都没有，所以面对这样的情况，你要做的就是注重交换价值。

你给我充个话费吧。/ 你帮我买个东西。/ 你能帮我做这个工作吧。

当然可以，你先帮我去买杯奶茶吧。/ 那你得先帮我把家里的臭袜子洗了。/ 可以呀，不过我手头上 ×× 工作没做完，你先帮我准备下这些材料。

注意事项：在做这个价值交换的时候，你向女生提出的需求价值一定要小于女生向你提出的，不然，你就会变成女生眼里那种小气吝啬的男生，女生向来不喜欢抠门的男生。

2．打压型废物测试

表现：你太胖了；你太瘦了；你脾气不好；你收入有点低；你年龄太小了……

应对方法：

应对打压类型的废物测试，你要做的，就是坚持自己的原则，设定自己的框架。用认可并夸大、歪曲事实或者直接忽略的方法就能破解。

在遇到此类废物测试的时候，千万不要掉入女生的框架，自信一点，对自己有一个清晰明确的自我认知。

你太胖了。/ 你太瘦了。/ 你脾气不好。/ 你收入有点低。/ 你年龄太小了。

哪里，我觉得还可以再胖一点儿，这样你就能保护我了啊。/ 我是不是太严肃了点？/ 还没和我在一起就想着咱们以后的生活收入了吗？/ 这么在意我的年龄是不是想要做我女朋友啦？

3．聊性型废物测试

表现：你平时看不看 A 片；你跟几个女生交往过；你一般跟女的认识多久就发生关系；喜欢什么姿势……

释疑：有些人可能会觉得，女生都已经和我聊得这么“深入”了，是不是明天就能为爱鼓掌了，然后呢？然后就被女生拉黑了。这其实是女生对你的废物测试，测试你是不是一个随便又猥琐的男生，当你迫不及待地和女生开启黄色聊天的时候，女生就已经彻底失去了对你的兴趣，甚至开始恶心你。

应对方法：回避。可以简单地把话题转移到韩国的情色电影或者是《失乐园》这类有性的描述但是一点都不色情的文学或电影上。既规避了成为一个猥琐的色狼，又可以展示自己的品位。

你平时看不看A片。/喜欢用什么姿势。/你和几个女生交往过……

你知道关于性，拍得最好的是韩国的电影吗？唯美得让人忘记呼吸。/印象中《失乐园》对于性与爱有着非常细腻的描述，你看过这本书吗？/那你得借我一只手才能数得清楚……

4．暗示型废物测试

表现：那件衣服看起来好漂亮啊，可惜钱不够；那边的东西很好吃，但是有好多人排队；某某地方好好玩啊，好想去一趟……

应对方法：遇到这种情况你可以说那件衣服也不错，不过后面还有一条街，再看看吧。说的时候用“不过啊”“但是啊”。反正找一个合理的理由搪塞过去，转移话题就好了。

5．赋格型废物测试

表现：我一直把你当哥哥；你做我哥哥吧；你好像学长，当我学长吧；要不你给我介绍个男朋友吧……

释疑：赋格，简单来说就是：赋予你一个人格，也就是给你套一个身份，从此你的行为模式就必须遵从这个身份，既得对女生好，又不能有所图。

应对方法：展示自己的高价值，再从侧面击破她的身份框架。

我一直把你当哥哥。

那你对每一个男生都想认他做哥哥吗？（女生一定会否认）

那你是不是喜欢我？（女生会接着否认）

那你不喜欢我为什么要认我做哥哥呢？

然后转移话题，聊新的内容就好了。

6．示好型废物测试

表现：你为什么对我这么好；你这么棒，为什么没有女朋友呢；你是不是喜欢我……

应对方法：你需要找到一个理由合理地解释你的行为，不然，你要么就是一个别有企图的色狼，要么就是一个只会傻傻为女生付出的傻蛋，不论是哪一种女生都是不喜欢的。

你为什么对我这么好？

我只是觉得漂亮优雅的女士应该得到更多的帮助。

你是不是喜欢我？

回答1：你之前一定过得非常辛苦吧，才会认为我对你的好只是出于喜欢。

回答2：或许你应该见识一下，我爱一个人的样子。

回答3：我当然喜欢你，你不是早就知道了吗，你这么人见人爱的，谁不喜欢你！

那你这么棒，为什么没有女朋友呢?

回答1：我在等你长大呀。

回答2：我在等一个人，能够读懂我爱的诗，能够和我一样为一部电影沉醉……

7. 失恋型废物测试

表现：我最近失恋了；我可能要和男朋友分手了；我男朋友对我不好；好想遇到一个真正喜欢我的人；他老欺负我；我快分手了……

释疑：原则上这个失恋型不完全归属于废物测试，可能一：这只是女生在不断引导男生付出时给的一个理由，让男生知道自己是“有希望的”从而不会停止“进贡”；可能二：女生把男生当成了情绪的垃圾桶，想要倾诉，当她把情绪倾诉完成，又会回到她嘴里的那个“渣男”的怀抱；可能三：她真的要分手了，等着你接盘。

应对方法：

（1）只要她没有分手，你就不要抱有任何的幻想，简单地表达自己知道了就可以了。

（2）进行良性的情绪引导，然后趁机约女生一起出去玩，在互动过程中不要主动提及她和她男朋友的事。

（3）你只是一个备胎，不要想太多，就算她分手和你在一起，你也不过是她找到下一个男朋友之前的过渡期，用于证明她的魅力以及给她买单。

最有效的应对废物测试的方法是什么呢？

最有效的方法是建立一个不被测试的框架。当你在应对和破解女生的废物测试路上疲于奔命时，你有没有考虑过这样一个问题，那就是：我为什么要被测试？！我又不是你的追求者！一旦你建立了一个这样的框架，一旦你有了这样一个心态，那么相信我，你不会再被所谓的“废物测试”折磨，更加不会担心，我会不会因为表现不好导致被女生讨厌？

60 个惯例军火库

女生清奇的脑回路，总会丢给男生们各种各样的送命题，而往往这些问题的困难程度总会超过我们有限的想象力，你是否还在苦恼如何应对？没关系，我为你准备了 60 个上手可用的惯例军火库，一次性解决你们的“尬聊”问题。

如何有效引导女生情绪

当她假装质疑自己

1. 女生说：我是不是很傻（我很傻吧）？

回答 1：嗯，傻到我都不忍心离开你身边，就想一直陪着你。

2. 女生说：我很笨的、我很笨吧？

回答 1：你何止笨，你简直就是笨得可爱。

回答 2：不用在意，亲爱的这很正常，在我面前任何人都会显得笨点的。

3. 女生说：你不要把我想得太好。

回答 1：你大可不必这么谦虚了，相信我，我完全没有要向你借钱的意思。

回答 2：看来你也怕被我发好人卡呀！（慎用）

4. 打情骂俏。

女生说：你欺负我！

回答：那我可以给你机会还回来呀！

5. 一般疑问句。

女：你猜啊。

回答 1：你猜我猜不猜呢？

回答 2：猜对了有什么奖励呢？

6. 女生说：我生气了!

男生说：生我的?

女生说：对。

男生说：男孩女孩? 还有我不喜欢这个名字，咱们换一个吧，我喜欢叫 ×××……

7. 女生说：你不关心我!

回答：关心就是要把你关在心里，不是放在嘴边整天说我多么多么关心你。

8. 女生说：你是坏人，不理你!

回答：你这识别坏人的能力很了不起，但要小心 FBI 把你抓去帮他们破案哦!

9. 女生说：我以后都不要理你了!

回答：我不求以后，只要你现在理我就可以了。

10. 女生说：你臭美!

回答：不可能呀，我出门刚喷了香水，怎么会臭!

11. 女生说：你无耻!

回答 1：让我咬一口，你就知道有没有齿了。

回答 2：姑娘你啥眼神啊，现在才发现这个优点吗?

12. 女生说你可爱、幽默等。

回答：不会啦，在可爱这一点上你永远是我努力学习的目标。

13. 女生说：你太贫了！

回答：其实我这些年来陆陆续续存了一点钱，就是不想人家说我贫，还是被你发现了……

陷阱雷区

14. 女生说：你对我这么好干吗？为什么你对我这么好？

回答 1：因为你的眼睛很像我以前的一个朋友，她在我 9 岁那年离开了我……她是一只吉娃娃……

回答 2：我对女生都这么好，如果你真感谢我，请我吃顿饭好了，我保证不客气！

回答 3：（所有为什么都可以回答）你是十万个为什么吗？

回答 4：（所有为什么也可以回答）你是蓝猫淘气三千问吗？

15. 女生说：你会只对我一个人好吗？

回答 1：不会，我会对很多人好，包括我们的父母，还有我们以后的孩子。

回答 2：那首先得看你够不够乖！

回答 3：这么私人的问题……请我吃饭就告诉你。

16. 女生说：不知道你是不是对每个人都这么好？

回答 1：那是肯定的，但对每个人收取的服务费是不一样的，像你我就会打九折。

回答 2：你觉得我长得像雷锋吗？

当她不太尊重你

当她质疑你

17. 女生说：你太老实了！

回答：不要以为夸我一句就会请你吃饭！至少……你得再夸一遍。

18. 女生说：你整天说话没正经的，你很幼稚知不知道，成熟点好不好？

回答 1：那下次拿本《金刚经》来念给你听。

回答 2：好，那我来个成熟的不正经。

19. 女生说：你太嫩了！跟你在一起没有安全感。你好像小孩儿，不成熟。

回答：你可以为我们买个保险就有安全感了，我觉得人寿有一款不错哦。

20. 女生说：你肯定特别花心！

回答：其实不怎么舍得花，我一向都认为节俭是美德。

21. 女生说：你为什么这么自信？

回答 1：因为站在我身边的是你啊！

回答 2：交学费，我就教你。

22. 女生说：你很奇怪呀？

回答：那你帮我申报个吉尼斯世界奇人纪录吧，得了奖请你吃饭。

23. 女生说：你这人怎么这么纠结？

回答：一般人在你身边都会觉得很纠结的。

24. 女生说：整天想一些有的没的。

回答：你是有的没的吗？我都在想你呀！

25. 女生说：为什么要认识我啊？（搭讪的时候）

回答：刚刚还准备了一个理由，结果跟你说话一紧张，给忘了。

26. 女生说：我肯定你对很多女生都说过这话了吧？

回答：其实，我对看得顺眼的男生也这么说的……

当她拒绝你

27. 女生说：怎么？你有意见？（质问）

回答：嗯，言论自由还是要有的嘛。

28. 女生说：我还不了解你，等多了解你一些吧！

回答：嗯，要从我的身份证开始吗？

29. 主动找女生聊天的时候，她说：什么事啊？

回答：微信好像中毒了，神奇的是它竟然会自动联系好友里那些好看的女生！（待你们充分熟悉之后再使用）

30. 女生说：不说算了，准备进黑名单吧！

回答：稍等……我去拿个手电筒，我怕黑。

31. 女生说：最近没空，忙……

回答：谢谢你在百忙中能腾出时间来跟我说这句话（发这条信息），为了报恩我决定请你吃饭，你定时间吧！

32. 女生说：没工夫！

回答：有功夫就不能找你了，万一婚后吵个架还不被你打死。

33. 女生说：我跟你又不是很熟啊！ 我们又不认识！

回答 1：世界上其实根本没有不认识的人，只有还没相认的朋友。

回答 2：其实前世我们都是一棵树上的苹果，还没来得及认识你，我熟了就先掉下来，今生一定要先认识你再熟。

34. 女生说：不要吧，我不想告诉你我的电话。

回答 1：老板也不想发我工资，结果还是发了，何况你长得比他善良呢！

回答 2：我先把电话告诉你也行。

35. 女生说：一边去！

回答：哪边？你的左边还是你的右边？

36. 女生说：我们做朋友不好吗？

回答 1：做我朋友可不好了，会被我蹭吃蹭喝蹭玩，女朋友就不一样了，我会带着你去蹭吃蹭喝蹭玩。

回答 2：不以结婚为目的交女性朋友就是耍流氓，我不会对你耍流氓的。

回答 3：我的朋友只有两种，女朋友、男朋友。

这样“撩”她才是成功的秘诀

邀约与约会类

37. 女生说：看你最近混得挺不错啊，请客吃饭吧或者其他要求。

回答：必须的必须的，一会我去取钱，咱们沙县大酒店（福建名小吃）见！

38. 女生说：哪有跟你聊两次天就被你约出去？

回答：你习惯聊三次才被约出去吗？不然我先挂电话，马上再打过去补聊一次也行啊。

39. 女生说：你总是这样约女生吗？你总是约女生去那里吗？

回答 1：女生总是这么约我。

回答 2：没关系，去你总是去的地方也行。

40. 女生说：你是不是在约我？

回答 1：你那么想我约你吗？笑一个给我看，我可以考虑一下。

回答 2：对啊，我想约你来我家帮我打扫卫生。

回答 3：你会这么问我，是因为我表达能力有问题，还是你理解能力有问题呢？（隔 30 秒再回答她：我当然是在约你呀！傻瓜！）

41. 女生说：干吗？想约我吃饭？

回答：对呀，你都好久没请我吃饭了。

42. 女生说：最近怎么样？

回答：你的直觉太敏锐了，一混得好你就来信了。

前女友必杀类

43. 女生说：你为什么跟以前的女朋友分手？

回答 1：因为我受不了她老问我为什么跟以前女朋友分手。

回答 2：通过这种方法了解我的喜好，是作弊的行为。

44. 女生说：你觉得我漂亮还是你前女友漂亮？

回答 1：那你觉得我帅还是你前男友帅？

回答 2：（笑着说）你觉得呢？

爱与喜欢类

45. 女生说：你爱我吗？

回答：万能公式：时间 + 地点 + 一件小事 = 山盟海誓。

46. 女生说：你有多爱我？

回答：比昨天多一点，比明天少一点。

47. 和女生单独相处时，肢体接触的时候她突然闪开表现出很为难的样子，然后思考了很久，问：你喜欢我吗？

回答 1：不喜欢你的话，你以为自己怎么会亲得到我的？

回答 2：谈不上喜欢……但是很爱。

请抓住一切机会升级你们的关系

48. 女生说：你有女朋友吗？

回答：约会 / 聊天时专心点！不要老想着别的女生。

49. 女生说：你身边是不是有别的女生？

回答：我必须承认你说的……还有我妈。

50. 女生说：你是只跟我玩玩，还是打算以后走到一起？

回答 1：这也是我正想问你的。

回答 2：你已经在想完事后要怎么甩掉我了是吗？

回答 3：傻瓜，你又不是变形金刚，有什么好玩的。

51. 女生说：如果哪一天，我突然死了，你会怎么办啊？

回答：我哪知道，我想在你要死之前我已经哭得断气了。

52. 女生说：你是不是觉得我是一个不正经的女生？

回答：你正不正经我不知道，反正我是很不正经。

53. 女生说：你是不是觉得我是个随便的女生？

回答 1：随便是谁？你不是随便的人，你是我的人。

回答 2：那你觉得我是个随便的男生吗？

回答 3：我只知道我们是同一个类型的人，并且我还知道，我深爱你这种类型的人。

其他

54. 女生说：你住哪儿？你做啥工作？你啥名字？

回答 1：花果山，保镖，孙悟空。

55. 女生说：你叫什么名字？

回答 1：我告诉你名字，你不会拿出银角大王的紫金红葫芦“嗖”的一声把我收了带回去吧？

回答 2：告诉你之前我要先确定你有没有一个叫作死亡笔记的本子。

56. 当女生叫你大哥。

回答：明天我去买炷香，买点黄纸，你去买只鸡，咱挑个好时辰拜把子！

57. 女生说：你很忙吗？

回答：是呀，忙着想你怎么还不约我。

58. 女生说：能不能不谈工作的（或者什么别的）事情？

回答 1：那谈什么？谈恋爱？

回答 2：可以，那我们谈谈生理卫生吧。

59. 女生说：你怎么到现在还没结婚？

回答：算命大师说不让结，还说只有等那个问我“你怎么到现在还没结婚”的女孩子出现，才可以考虑一下。

60. 女生说：我手机没话费了，你能不能帮我交 30 元话费？

回答 1：我想先了解下事成之后你打算怎么谢我。

回答 2：可以呀，你先帮我买杯奶茶。

约会、升级关系

约会大作战

一个好的约会，

是成为男朋友至关重要的一步！

03

所有男生都希望跟心仪的女生约会，而两人还未在一起时，前期的每一次约会都是一场严峻的考验，女生会在这时近距离地考察你是否适合跟她进行更多接触，过程可以说是遍布雷区，需要我们谨慎对待，否则很可能无意中就做了让女生反感的事情，而分分钟被女生拉进黑名单。

小妖在这一章主要帮你从邀约、约会以及表白这三个方面出发，来提醒你避免一些常见错误，做好每一个细节，在约会时给对方留下一个良好的印象，而一个好的约会，是成为男朋友至关重要的一步！

这样邀约，才可以把她约出来

邀约的正确方式

说约会之前，不得不说的就是邀约，因为一切约会计划和安排的前提是女生愿意和你出来，那么，如何邀约就是我们首先需要解决的问题。

1. 模糊性邀约

模糊性邀约的关键词是“有机会”“有时间”“改天”。在和女生聊到吃的或者某些活动时，就可以趁机发出模糊性邀约：“那有机会去吃这家吧，他家咖喱真的非常正宗”“有时间的话首映了去看《复联3》呗”。

如果女生通过了你的模糊性测试，那么，找个机会约出来就好啦。如果女生对你的模糊性邀约没有任何答复或者转移了话题，那么就证明你需要再努力一点哦。

2. 即时性邀约

如果你知道女生大致的居住地点或者工作地点。那么某一天你可以用“今天下午要去你公司附近见个客户，有时间的话下班了一起吃个饭”或者“明天要去你家附近办点事，你要是有时间的话，就一起喝杯咖啡”。

这种邀约方式，因为是临时性的，所以成功率不是很高。但也因为是临时性的邀约，所以女生也并不会感觉你有很强的目的性，即便不成功，你也不会有任何损失。

3．事件邀约

事件邀约更常见于老朋友和同事，大家因为共同的生活学习或是工作环境，会有一些需要共同处理的事情。比如说买书、健身、朋友生日会、聚会、公司项目计划等，通过一个事件进行邀约，在事件之前之后安排其他约会项目，就显得既顺畅又没有需求感。

4．感谢型邀约

你帮了女生一个忙，就顺便让女生请你吃个饭，或者说女生表现非常好，你可以奖励她请她吃甜点等。**感谢型邀约一定要注意邀约有度**，不要一次邀约就进行数次转场，要知道这个邀约只是一个互相了解的开始而已。

5．直接邀约

如果和女生聊天聊得还不错，你感觉女生对你兴趣也很大，那么你可以考虑直接邀约：“周六一起吃晚餐吧！”这个方法可以快速辨别女生对你是否有兴趣，当然，缺点是很容易被拒绝。

不论何种邀约方式，大家只需要记住，所有邀约的方式，都是提供一个借口和理由让女生来见你，所以重点是你而不是邀约方式。

约会需要你自身有足够的吸引力，不然邀约很难成功，即便邀约成功，结果也只能是见光死。

约会的注意事项

1．避免“孤岛陷阱”

什么是孤岛陷阱？顾名思义，就是你和女生像陷入一个孤岛，走不出来又不知道干吗，如果你能想象那种情况有多尴尬，那就一定要学会规避风险。约会一定要选好地点、查好天气，不要约女生去一个坐车需要一个多小时、路上还可能堵车四十分钟的地方。且等到约会的地方之后，吃了个饭、约了个会之后，发现又叫不到车、附近又不熟悉、还没有其他约会项目可以转场。

那么，等到女生耐心用尽离开或者约会结束后女生只会觉得自己遭遇了一场极其糟糕的约会。

2．转场

如果在一个地点停留太长时间，那么女生会失去对这个地方最初的新鲜感与兴趣度，而且两个人在单一地点停留太久，话题用尽场面就会逐渐变得尴尬。**解决这种尴尬的最佳方法就是一场约会准备两至三次转场**，最好的做法是在一个地点停留一至两个小时，不要一直坐着，也不要一直在走路。对于女生而言，如果一场约会和你去了非常多的地方，她会和你快速建立熟悉感。会产生一种和你认识很久、一起经历了很多事情的感觉，一旦她有这样的感觉，她就开始喜欢上你了。

3．plan B

一个具有强烈控场能力以及主导能力的男生，一定是一个不慌不忙、出了问题也能淡定快速解决的男生。那么在和女生约会的过程中，就需要充分考虑到各种意外，女生是否穿了高跟鞋、裙子，是否不太适合进行户外活动，约会当天会不会下雨，会不会太晒等。

准备好 plan B 甚至 plan C，这样在和女生相处的过程中发现女生不能去户外，就改成室内；感觉快要变天了，就及时调整后续约会项目；原本要去的餐厅关门了，没位子了，就换成另一家。

小妖相信，一个善于观察、提前做好准备且快速解决尴尬问题的男生，不可能吸引不到女生。

4．和陌生人去熟悉的地方，和熟悉的人去陌生的地方

如果你第一次和一个女生约会，想要去一家从来没去过的

餐厅，你并不知道在哪里，只通过美团或者大众点评知道大概地址。需要女生踩着 10cm 的高跟鞋顶着太阳一路跟着你去找，中途可能会遇上迷路、店关门等情况。请问，在这种情况下，女生是否还愿意继续和你约会或者说你们之间是否还有下次约会？！

所以，第一次约会一定要选择一个你能够控场并且非常熟悉的地点。如果女生和你已经非常熟悉了，那么在天气好的某个周末，你们可以相约着去寻找没有去过的地点，迷路了就当是探险；就算东西不好吃，你也可以和她相视一笑，说：“打卡失败，咱们去吃别的吧。”丝毫不会尴尬。

5．环境

在某种程度上，约会环境有时候能够起到比你更重要的作用。当然，这句话的意思并不是说，你和女生的约会地点消费越贵越好，而是应该和你们的关系进行一个恰到好处的呼应。或温馨，或浪漫，或美好，或梦幻，不论感觉如何，一定是需要相对而言安静、干净、舒适的地点。

小妖过了这么多年依旧忘不了，那个带我大冬天在外面走着，吹了半小时风只为了带我看烟花的男生，大概这辈子不想再遇到了。

6．不要害怕触碰她，太绅士的最后都被发了好人卡

这是一件很残酷的事，有很多男生在和女生相处的过程中，害怕自己有任何一点点出格的行为，害怕一旦自己触碰女生，她就会反感生气甚至离开。但是，你要知道，所有的关系升级都是一步一步来的，如果你不敢触碰她，你不可能得到她。肢体接触的方式有很多，之后的课程里面会详细讲到。

7．带领她

总是在询问女生意见的男生，基本上没有办法吸引到女生。女生天生不喜欢做决定，你只要询问她不吃什么，是否身体不适，是否主观排斥某物，其余的，就由你来做决定就好啦。

尊重她的意见，然后自己做决定。这是一个男生的框架。

最后是不得不说的，被放鸽子的事

如果被女生放鸽子，不要害怕不要焦虑更加不要去质问女生为什么不来。你要知道，她可能临时要加班、身体不舒服、心情不太好或者是脸上长了个痘不想见人，都有可能。所以，你要做的就是不要把她的拒绝或者放鸽子当作一回事，改天再约就好了。再就是，如果女生连续两次放你鸽子，你就要提高警惕了，是不是自己约得太勤，是不是自己吸引力不够，是不是邀约的项目太无聊。

女生连续两次拒绝你，你要停一停，不再继续为她投入，暂时完善自身。

把握好约会的流程与节奏

约会的目的

约会只有一个目的：升级你们的关系。

如果关系没有往前推进，那这次约会就浪费一次机会，几次约会后，女生只会把你当作朋友，而不是潜在的发展对象。选择约会环境首要的关键点是避免进入“孤岛陷阱”。你们约会的第一站，如果附近没有完善的配套后续地点可以转场（咖啡厅、甜点店、电影院、酒吧之类的场所）。那么你们就如同被困在一座孤岛上，单在一个场所停留会变得无所事事，气氛越来越冰冷尴尬，最后只能各回各家。

一个好的约会，必然需要流程顺畅，要有好的转场地点，就必须要把约会安排在一个能够为你带来配套约会地点的区域。

那么，什么样的环境才适合约会呢？

舒适、安全、稳定是最重要的因素，能够让双方的互动不受外界干扰的环境才是好的环境。

忽略掉晚餐，从甜点和咖啡厅开始也是很稳妥的约会安排。在选择环境时，是否有益于沟通才是你应该关注的重点。你要知道，女生答应约会的目的是想要见你，并不是单纯地想吃饭。一次浪漫的约会并不取决于你们吃什么喝什么，而是约会的氛围，她不会因为你带她吃的牛排很好吃而爱上你。

一些比较有趣的约会地点推荐

1. 艺术区。每一个一线、二线城市，都会有一些艺术区，可以带女生去走走，喝一杯咖啡，艺术区有艺术展，可以带女生去看展。

注意事项：请记得提前做好功课，不要带女生去了，然后你自己对这些一无所知，女生可能会觉得你装 ×，再就是不要随便在艺术区买东西，如果你不知道价格的话。

2. 漫展、画展、珠宝展。这个用来投其所好，但是如果你自己一窍不通，还是不要轻易尝试。

注意事项：每个人都有自己的生活方式，看到漫展、画展等，不要随便对他人进行主观的随意评价。

3. 当季的公园。开花的时节可以看花，秋天可以看枫叶，郊游、踏青、野餐也是不错的选择。

注意事项：注意天气因素，夏天和冬天不太适合此类约会项目，再就是有些公园赏花时节人非常多，这样既不利于交流也不能给女生一个很好的约会体验。

4. 去你家聚餐，DIY 火锅。这个可以叫上一些共同的朋友，不推荐第一次约会使用，应该在你们关系进展到最后一步的时候再一群人聚餐。

注意事项：不要全部是你的朋友，女生会觉得有压力也不自在，最好是让女生也带朋友一起来。你作为主人要照顾好在场的每一个人，也可以给女生一个女主人的框架，请她帮你照顾朋友们，这样可以默认你们的情侣身份。

5. 户外骑行、爬山、溜冰、滑雪、攀岩。这个需要你对地形环境比较熟悉，且对你自己本身的技术有要求，如果你也是一个菜鸟，就不要轻易尝试。如果你和女生都是喜欢运动的类型，那么这些都可以尝试，而且在这类运动型约会时，适当地进行肢体接触，比如说：在女生要摔倒时拉女生一把等，既能展现男子气概，又能快速地拉近两个人的关系，一举两得。

注意事项：要考虑到女生的体力和意外因素，做好应急方案。

6. 慈善、义工、照顾小动物等。女生大多非常善良，而且对小动物非常喜欢，这样的邀约，大部分女生都不会拒绝。

注意事项：如果去照顾小动物，需要提前知道女生是否害怕狗狗，也要做好防止被动物咬的准备，如果你不喜欢小动物且耐心不够，就不要去参加了，喜欢和耐心是很难伪装的。

7. 手工 DIY，做陶杯、做蛋糕，有非常多这样的活动，提前报名然后带女生去参加。

8. 采摘、农家乐。

注意事项：这个成本有点高，人均在 100~300 元，不同城市价格不同，需要提前查好攻略、价格、路线等，另外还需注意提醒女生防晒。

9. 健身、跑步、游泳。这些运动项目既能体现你是一个有生活品质的男生，也能顺便看看女生的素颜和真实身材哦。

注意事项：注意自己的体味，如果你有体味，那么在大量出汗的情况下会让女生想迅速远离你，所以请一定要使用止汗喷雾之类可以抑制体味的道具，再就是，再热也不要赤裸上半身，即便你有八块腹肌。

10. 密室逃脱。这样的密室环境里，女生很容易会想要依赖你。

注意事项：很可能会暴露智商，如果你智商不高或者说逻辑推理能力不强，就不要去了，被关住出不来有损在女生心目中的形象。

11. 吃饭。虽说约会不要只是吃饭逛街看电影，但是，将吃饭和看电影作为约会的其中一环也未尝不可，如果你是一张城市美食活地图，跟着你总能找到好吃的，那想必女生也很难拒绝你吧。

注意事项：吃饭只是约会其中一项，要注意观察女生是否有忌口，再就是点餐的时候，不要过分征求女生意见，会显得你很没有控场力与决断力。

12. 宜家。宜家是一个非常好的约会地点，而且有餐厅，东西既好吃又便宜，在逛宜家的时候可以根据不同的场景和女生畅想家里将来要怎么装修，厨房怎么摆设。

注意事项：宜家是卖家具的，所以去逛的时候，别随便买东西，有一些小的家居装饰物件可以买来送给女生，当然，什么也不买只逛也没有任何问题。

13. 课程。这个是一个非常另类的约会项目，可以约女生去一起上手绘课、油画课等各类奇奇怪怪的艺术课程，团购体验课或者直接预约就可以去了。

注意事项：不是所有女生都喜欢上课，所以要记住因人而异。

14. 音乐会、演唱会。用来展现自己的高品质生活和审美，对文艺的女生或者对喜欢艺术的女生有比较高的吸引力。

注意事项：这个成本有点高，而且如果你对演奏者或者演唱会歌手一无所知，那么很容易出现女生很 high，你莫名其妙，反倒不利于你们之间关系的发展。

15. 花间咖啡厅。很多城市都有一些非常用心打造的花间咖啡厅，里面有很好的布局、漂亮精致的鲜花和各类新奇的书，是非常适合用来约会的地方。

注意事项：有些花间咖啡厅非常有名，所以人很多，有点吵且位子难找，如果选择花间咖啡厅作为约会地点一定要提前调查清楚。

比较合理的约会流程应该设立最终的目的地，然后以最终的目的地为导向，一环一环地往前推演出约会转场路线。比如：

甜点店—做手工—晚餐—散步—喝一杯—送她回家或者回你家

下午茶—艺术展—晚餐—散步—超市—你家

花间咖啡厅—散步—晚餐—喝一杯—她家

咖啡厅—博物馆—晚餐—手工—你家—她家

漫展或者画展—下午茶—密室逃脱或者桌游—晚餐—超市—你家

◇◆第一次约会

这一次约会的最重要的目的是互相了解，重在交流，所以第一次约会应该选在一个能够交流互动且不会被打扰的地方。如果你不善言辞，就应当选择一些能够为你制造源源不断话题的约会地点：

1. 主题公园
2. 游乐场（鬼屋、过山车）
3. 动物园、水族馆、植物园
4. 烘焙
5. 花间咖啡厅、甜点店
6. 艺术展、画展、漫展
7. 茶馆
8. DIY 手工、陶艺
9. 博物馆
10. 主题餐厅

◇◆第二次约会

这一次的约会主要是为了奠定你们之间的关系以及制造肢体接触，所以约会地点的选择应该是能够让你们之间有互动以及能够创造机会直接接触的项目：

1. 清吧
2. 密室逃脱
3. 轰趴馆（桌游、台球、游戏厅）
4. 慈善（宠物收留中心、养老院、环境保护等义工）
5. 宠物咖啡厅
6. 室内滑雪
7. 4D 错觉艺术馆
8. 枫叶林、花田花海
9. 图书馆、书吧、书店
10. 大学校园

◇◆亲密约会

顾名思义，亲密约会是你们关系进展到最后一步时所进行的约会。我们应该选择距离你家近或者方便回家的地方，此次约会的重点是打消女生跟你回家的顾虑以及给女生一个跟你回家的理由：

1. 大型超市（买了东西自然是要拿回家的，对吧）
2. 私人电影院
3. 温泉
4. KTV
5. 宜家、迪卡侬
6. 步行街、小吃一条街
7. 酒吧

8. 两天一夜的周边游
9. 在你家聚餐
10. 自驾游、露营、篝火晚会

◇◆长期关系约会

长期关系的约会是维系一段长期关系非常重要的点，目的是制造新鲜感，给女生留下两个人共同的浪漫回忆，所以除了平常的约会吃饭逛街买衣服之外，最重要的，是心跳和意外。

1. 农家乐
2. 踏青、郊游、爬山、骑自行车等日常活动
3. 骑马、射箭、高尔夫等主题俱乐部
4. 攀岩、跳伞等极限运动
5. 历史古迹、遗迹（比如北京的颐和园、圆明园、长城、故宫）
6. 旅拍，一边玩一边给女生拍照
7. 带一起养的小动物去郊游
8. （不定目的地的）冒险
9. 回顾第一次约会的地点
10. 出门买菜，回家做饭

◇◆其余约会

1. 演出、演唱会、话剧
2. 烧烤、聚餐
3. 真人 CS

4. VR 游戏

5. 主题酒会

6. 主题化装趴

7. 热气球

8. 潜水

9. 大型商场（具有配套的一条龙服务，如：餐厅、甜点店、咖啡厅、书店、超市）

10. 赛事

如何在约会中升级关系

终于把女生约出来了，但是苦于没有办法升级关系，大概是男生最痛的痛，因为，约会超过 3 次还不升级关系，你就是在浪费女生的青春，而约会超过 5 次之后，你还没有升级关系，那么你可能就永远失去了升级关系的机会，只能待在友谊区了。

升级你们的关系，你必须要了解的事情

1. 升级关系的步骤：建立信任与舒适感→肢体触碰→行为升级→亲密关系→（可有可无的）表白。

2. 你并不需要在微信上就升级。

微信上升级的弊端：

（1）你没有见过真人，在没有真切见面之前，不要为一个“陌生人”投入太多的感情。

（2）即便是你已经升级成功，等到见面，你们还是两个陌生人，所以你还是需要重新完成一次升级操作。

（3）一旦你在微信里面升级成功，那么会给女生一个过高的预期，而一旦你真人与预期有偏差，就会导致你的约会很难推进。

3. 在见面之前，请保持你的神秘感。

聊天只有一个目的，那就是约会。
约会只有一个目的，那就是升级。

所以，不要等到你们连对方的生辰八字都了解清楚了，你还没有邀约，那样会让女生失去探索你的欲望。

在聊天中多使用这样的句式：

改天见面告诉你。

你答应和我约会，我就告诉你。

你觉得亏欠的话，就请我看电影吧。

升级的方法

1．勇往直前，克服恐惧

一些小伙伴对自己的不自信或者说对女生这种生物不了解，导致内心恐惧甚至抗拒和女生有一些肢体上的接触，害怕自己一旦碰了女生被拒绝之后，这段关系无法挽回。

或者只是纯粹地因为被所谓的“绅士感”绑架，觉得去触碰女生不礼貌，怕女生会生气；但是你要知道的是，一个女生，愿意出来和你约会，愿意花费一个小时的时间收拾打扮自己，你要是不去赞美触碰她的美，真的是对她青春的浪费。

所以，克服这个障碍，勇往直前，熟能生巧。

2．暧昧的气氛，才是升级的关键

“你是不是喜欢我。”（这一句话用单独的一页展示）

案例一：

—你为什么出来和我约会？

—因为你约我啊、因为无聊啊。

—那每一个男生约你你都会出来吗？

—当然不会！

—那你是不是喜欢我！？

—为什么这么说？没有啊、怎么可能。

—那你不喜欢我为什么出来和我约会。

案例二：

在刚刚见面的时候，可以直接这样问她：

你是不是平时不这么打扮？碰见自己喜欢的男生的时候才会这样？

你需要明确知道的一件事就是：如果她不是被你身上某一个特质吸引的话，是绝对不可能出来和你见面或者和陌生人约会的。所以，她在潜意识里是喜欢你的，这一点，你一定要相信。而“你是不是喜欢我”这个小惯例会通过潜意识把她的这个“喜欢”放大。直到她也意识到：她可能真的喜欢上你了，不然她没有办法解释为什么出来和你约会或者为什么把自己打扮得这么好看。

3. 行动升级——尽可能光明正大地触碰她

和女生的肢体接触会增加你们之间的亲密感，亲密感就是要让女生觉得跟你的关系很近，她信任你也喜欢和你亲密接触。

那么我们应该怎么正大光明地触碰她呢？

不管是有意无意，都要尽可能地制造机会！但是这样的机会最好都是有“理由”的，不然会引起她的反感。

◇◆ 礼貌性接触

刚见面的时候可以绅士地拥抱对方，这样自然而且大气，还会迅速地消除你们之间的陌生感。

还有过马路的时候，为了“保护”对方，你自然而然地牵起她的手，有何不可？还可以表现自己体贴、细心的一面。

◇◆ 奖励式接触

可以简单理解为，你对女生的奖励。比如你叫她帮你做了一件事情，你就可以用亲昵的表现来奖励她。

比如调侃：“你这样帮我，怎么办，我要怎么办报答你？”摸摸她的头或者捏捏她的脸。

◇◆游戏式接触

当你们玩游戏的时候，最容易不经意间接触了。比如轧马路时，叫她闭上眼睛跟你去一个目的地，中途眼睛不能睁开。然后你就可以牵她的手了！

如果她中途睁开眼睛就是输了，输了还可以用“惩罚”的名义确定下次约会。

升级被拒怎么办

1. 退回原先的关系

被拒绝的后续两种状况要么成为备胎，要么女生不想理你，害怕女生不再理会自己是很多人最担心的问题，也常常因为这个顾虑而迟迟不敢去升级触碰女生，那么，我们有备无患，先教大家万一失败了，如何退回之前的关系。

你只需要给女生一个你们关系可以和以前一样的理由，比如你可以这样对她说：

我发现，我们还是有一点不合适，我们还像之前那样，做最亲密的朋友吧。

抱歉，我可能太心急，想要了解你多一点，如果让你有压力，那么我们可以只是朋友。

当你比女生更快速地决定你要退一步，会让女生对你产生疑惑，而你不卑不亢且无需求的态度，反倒会让女生在接下来的相处中给你更多的关注，或者说“精力的投资”。

2．耐心保持正常关系，缓解女生面对你的压力

你要知道，女生愿意出来和你约会，就说明了她愿意和你有深入的沟通和了解，那么为什么你还会在升级的过程中被女生拒绝呢？只能说明：你升级的方式错了、你太着急了或者是你表现得不够自信。

不论是出于哪个原因，女生所承受的压力，一定比你还大，她会担心失去你，又不知道该怎么继续这段关系。所以，你要做的，不是抓着这件事不放，而是放下这件事，然后和女生正常交往，减少她的压力和焦虑感。

3．下一次，请提高价值，自信而坚定地去升级

升级失败一个很重要的原因是你价值不足以与女生匹配或者说你没有准确地判断你和女生目前的关系。所以，永远不要忘记提升自己的价值。

再就是，自信一点。大多数男生升级失败，只是因为：牵手只需要 3 秒，而你，却需要 30 分钟去做铺垫和心理准备。

触碰她的方法

分为绅士版、进阶版和情圣版。

绅士版

1. 拍照帮女生摆姿势。

2. 进餐厅就座时帮女生脱外套。

3. 为女生披上外套。

4. 为女生打开车门的时候，伸出手扶她。

5. 在女生穿短裙上楼梯的时候，自觉走在她前面。

6. 过马路的时候，很自然地拉起她的手，给她一种保护感，记得过完马路放开她的手。

7. 在一起挤公交坐地铁，有意识地离她近些，车辆晃动的时候扶下她。

进阶版

1. 开玩笑的时候无奈地摸摸女生的头。

2. 把胳膊给女生让她挽着你。

3. 刮女生的鼻子。

4. 看着她的眼睛，叹口气，轻轻地弹她的额头。

5. 在吃饭的时候，看着女生的脸，面露优雅的笑容，然后指指自己的脸，告诉女生，你脸上有东西（有没有不重要），在女生从包包里翻出镜子之前，你可以拿一张纸巾，优雅地替女生擦拭。

6. 聊到开心时，轻轻地捏捏她的小脸蛋，并说“你真可爱”。

7. 跟她坐在一起的时候，抚摸下她的头发，她问你，就开玩笑说她头发上有只小虫子。

8. 走坡地或者陡峭的路，自己先拼了命地登顶，然后伸手去拉女生上来，拉上来之后，好像是完全忘了你还拉着女生的手。如果女生不抽手，你就一直拉着，千万不要放开，除非女生此时允许你干别的事情。

情圣版

1. 拉起女生的手，以西方礼仪的方式亲吻她的手背。

如果拉起女生的手，她有一点意外或者抗拒，你就可以很自然地翻转亲自己的手背，小妖就被这样撩过，差点没被撩断气。

2. 把自己（干净无异味）的围巾围在女生脖子上。

3. 拉起女生的手放在自己的口袋。

4. 假装趴在她耳边说话，吹一口气在她耳朵里。

5. 抚摩她头发之后，以一个 C 形动作的姿态，将手轻轻地放在她的脸上，对视几秒把手放开。

没有女生会对一个既温柔绅士又懂得制造有趣约会的男生不感兴趣的！约会时适当做这些小动作，会大大升级你们之间的关系哦，赶快收藏起来。

孙子兵法表白技

表白核心要素

表白至少是为了对方，而不是为了自己。

很多人表白失败的真正原因，就是陷入自我，什么叫陷入自我？就是希望通过表白得到对方的心，这样的表白无论你怎么说都会是错的。正确的表白，其实就是恰当地表达自己的感情——你的坚定、你的悲伤、你的失落，表白最重要的就是把你的感情完完全全地释放出来，加持在你的语气中。

所以表白重要的不是辞令、形式、肢体语言，而在于你的感情、你的心，它会告诉你最恰当的表达方式。

表白的本质

表白的本质，其实就是真情流露，而很多人的表白是一种手段，目的是得到对方，但其实表白的唯一目的就是真情流露。如果你的表白只是一种手段，就会给对方压力，对方就会自动升起防备心理。

表白的几个雷区

用力过猛，对你明确表示过拒绝的人在公众场合表白。

我相信大家在网上看过很多这种公众场合表白的事情，结果一般都是非常惨，这样的事情年年都有人做，也年年有人被弄得很惨，公众场合表白无疑是个巨大的雷区。

换位思考一下，假如是一个你不喜欢的女生，在公共场合摆上蜡烛，然后在一堆人的围观起哄下向你表白，作为你个人来说，会不会感觉特别尴尬和窘迫？因为在这样的场合下，人群的起哄和看笑话，无疑会对你产生巨大的压力，而这种压力会让你感觉特别不爽。

所以很多人去表白的动机其实是有问题的。表白本身所要做的就是流露真情实感，而流露真情实感本身应该是一件很私密的事，大多数情况下人们都不愿意在大庭广众面前做，除开你的感情真的过于强烈，在大庭广众下根本忍不住而流露出来。所以在公众面前的表白一定是要真情流露。

为了表白而表白

像在5·20这样的日子，很多人总会有种错觉，觉得在这样的日子，我总该做点什么吧。别人都在表白，所以我也要表白。表白与否永远取决于时机是否成熟，太早容易被拒，太晚又容易错过，所以是否表白永远跟节日没关系，而是时机是否成熟，如果时机成熟了，哪怕把你表白的日期硬说成节日都可以。

不正式，不认真，没诚意

比如很多人在QQ、微信上面表白，你如果只是这样做也就算了，居然还群发，这种人女生绝对想把你拖出去枪毙5分钟心里才爽。

没有感情，或者强行有感情

很多人去表白的时候，由于害羞、紧张等原因，表情和言语显得木讷，缺乏感情，在女生本身对你兴趣有限的情况下，你依然处于这种状态去表白是行不通的。

还有另外一些人，知道表白必须要有感情，这时候又陷入另外一个误区，就是强行地去做成有感情的样子，这样也会让人感觉到你的别扭。

表白的总原则

一定要走心！一定要走心！一定要走心！

如果你真的要表白，又没什么自信，你只能眼睁睁地看着对方，却什么话都说不出来，那么最适合你的表白方式，就是靠写。这样别人关注的就是你写的东西，而不是在乎你肢体语言的各种不自在。比如，准备好一些硬纸板，每一个板写一句话，这样别人就会一句一句地看完，像这样的表白，既有仪式感，又有诚意，而且并不会给对方压力。

很多人在追求女生或者与恋人相处的情况下，总是因为自己缺乏底气，没有安全感而去做一些很别扭的事情，结果给到对方没有必要的压力，恋爱本身应该是一件愉悦的事情，但是如果有些事情成为你或者对方的负担，就会变得没有必要。

而很多人就正在做这样一些事情，一旦任何事情对你造成负担，结果就一定是负面的。

该在什么时候表白？在你与对方彼此都感觉不到负担和压力的时候表白，这样是最合适的。哪怕是对方不喜欢你，这样你才有可能和机会去打动对方。在男女互动时，任何会对你产生负担和压力的事情千万不要急着做，那样不仅仅是你自己不舒服，令对方也不舒服。但是会让你产生负担和压力的事情不代表一定不要做，只是要调整自己的心态。一个人在与另一个人相处时，如果有太大的负担和压力，就会显得很没有底气，一旦没有底气，其结果一定会表达感情不知所措，就算去表达感情也会显得十分肉麻和别扭，让彼此都觉得很不舒服。

但是很多人的表白就是这样的，在缺乏底气的时候硬上，其失败率是非常高的，因为那样就会让自己手足无措，错乱百出，而且根本无法做到。

那么我们该如何表白呢?

虽然小妖说过很多次，但是依旧会有非常多的男生在面对喜欢的女生时情不自禁地表白。

在这里，我要再说一次，**表白往往在最后都会失败，不是因为表白方式的问题，而是时机。**告白不应该是冲锋的号角而应该是胜利的凯歌。

当然，表白本身是没有问题的，和你喜欢的女生表达你的喜爱之情，这件事有什么问题呢?

唯一的问题就是，你不应该在表白的同时要求对方成为你的女朋友，因为你喜欢她是你的事情。你不能因为你喜欢她就要求她也同样喜欢你，这样的行为不仅无理，还有道德绑架之嫌。

《孙子兵法·用间篇》中说："故明君贤将，所以动而胜人，成功出于众者，先知也。"先知就是预先掌握情况，预见战争胜负。《谋攻篇》说：“知彼知己，百战不殆。”强调对敌我双方的情况都必须掌握。

简单来说，很多男生，因为没有办法吸引女生，也没有办法感知女性的情绪，所以把一段感情的成败放在表白这件事情上。而当你没有纵观全局的眼光，没有把握节奏的能力，没有对双方清楚的认知，却试图为一件事背水而战的时候，你就必须要承担“失败”的风险，而且这个风险特别大。

那么如何正确地使用表白这个手段去增加对女生的吸引力呢?

善用微调

——我喜欢你，但是我现在后悔了。

这样的一句话能够有效地引起女生的好奇，她会疑惑，她到底做了什么让你后悔，然后她会开始为你投资情绪、投资时间。

当然，这个小方法，最好使用在你对女生已经产生吸引的暧昧阶段。

善于转移话题，营造暧昧的氛围

——好心疼你啊。

女生的这个态度，是在告诉你，你做了越界的事，你冒犯到她，她并没有和你发展一段超友谊关系的想法，而你的行为给她带来了负担困扰。

在这种情况下，你要做的，就是迅速抽离，将两个人的关系重新定位到朋友上去，然后不断提升自己以及对女生的吸引力。

不要再轻易地尝试升级关系。

◇◆ 如果委婉拒绝，女生和你关系并没有冷淡。

出现这种情况，最大的可能是女生喜欢你，但是还不够喜欢，所以并不想让你成为她的男朋友，但是你还是对她有吸引的。

这种情况下，你要做的就是以雷霆手段迅速升级你们之间的关系，在升级之前，学会调动女生的情绪，做到之后，事情基本就稳了。

◇◆ 如果拒绝你之后，反而开始热情。

你的行为已经证明了她的魅力，所以她开始对你热情，却不会对你的感情负责，你不足够有吸引力，但是足够有价值。

这种情况下，你要在提升自己的同时，建立框架，学会拒绝女生，确保自己不会沦为备胎。

《孙子兵法·虚实篇》说：“善战者，致人而不致于人。”

所谓“致人而不致于人”，就是调动敌人而不被敌人所调动。讲的是关于战争的主动权问题，或者说是对战事的驾驭权、对局势的控制权问题。

战争是智与力的较量，谁掌握了主动权，谁就可以充分发挥自己的长处，即使短处也可变为长处，同时压制对方之长处，使我敌之间的优劣差距无形中呈几何级数拉大，从而取得胜利。**此战术应用于谈恋爱中，最直接有效的操作手法就是，掌握升级关系的主导权，这是你制胜的关键。**

也许你们经常会听到一个挽救两个人关系（表白被拒、分手）的方法：

抽离——止损——二次吸引

但是很多人对这个方法有着错误的理解，所以导致有些挽回结果让人啼笑皆非或者恶化事态。

所谓抽离，不是说你完全消失在这个女生身边，而是尽可能不再与女生产生情感上的关联，迅速将两个人的关系定义在朋友上，从而让女生降低防备心。

所谓止损，是及时停止对这段感情以及这个女生的投资，不要打电话、发微信，更加不要试图慢慢恢复联系，这在很多时候只会让你重蹈覆辙。

这个时候要做的事是，将时间、金钱、精力投资在自己身上，让自己变得有趣，让自己的生活变得丰富多彩。

所谓二次吸引，是当你变得更好之后，用新的自己重新吸引女生。很多男生觉得只要自己抽离止损（不理这个女生一段时间）就能够迅速二次吸引。可是，你要明白，女生第一次不喜欢你，难不成第二次就会喜欢那个毫无变化的你？不要太天真。

所以，如果你已经告白被拒，那么现在要做的就是用上述方法先降低女生对你的防备心。然后再重新去吸引她，这一次要快速解决战斗，时间拖得越长，变数和失败的概率越大。

1. 重重拿起，轻轻放下。

不要把表白这件事当成一件很严重的事，当作从来没有发生过，保持一颗平常心。如果你觉得尴尬，那么女生也会觉得尴尬。

2. 在自我提升之后，创造机会见面，重新建立联系。

谨记，在这个阶段，不要做出过分的举动和行为，你要时刻提醒自己“我们现在只是普通朋友关系”。

3. 在往后日常相处的过程中，建立吸引，学会诱惑这个女生，抓住机会勇敢地打破舒适区。

4. 做好预选。

要让你喜欢的女生感觉到，即便你和她告白了，也并不代表你是没有选择才被迫选择她的，其实你身边有非常多漂亮又优秀的女生。这样才能最大限度地降低女生对你的防备心。

接下来说一下表白的先决条件，一般没有建立好表白的先决条件肯定会表白死。

1. 吸引：如果你吸引力很强，对方倒追你也不是不可能。很多时候成功的表白就是两人都默默喜欢，然后挑明了而已。

2. 关系暗示：如果你关系暗示用得好，可以完全不用表白，就成为男女朋友。

3. 肢体接触：如果你们平时就经常一起散散步、喝咖啡什么的，那么可以试试不经意地去牵手、搂腰、拥抱之类的。肢体接触属于关系暗示，比如你们亲吻了，女生就会默认你是她男朋友。

4. 社交压迫：社交压迫是有利于一部分从众心理比较强的人接受表白的，可以降低表白所需要的吸引力。这个得看人，有些人自己表白会失败，让别人帮忙说说就会成功；有些人认为表白要自己上，别人帮你反而对方不会接受。比如大家都觉得某两个人很登对，这俩人就很有可能本来没啥关系却在一起了。但是社交压迫会对对方造成压力，如果连降低后所需的吸引力都不足或者关系暗示出问题，很有可能就会表白死。

5. 制造预期：这是个高难度的技巧，例如暗示要表白，但是忍一段时间不表白，来造成一种预期性，这种预期性会导致对方希望暗示的结果出现，在对方放弃预期之前，正式表白，可大大提高成功率。

制造良好的表白先决条件，然后使用试探性表白试探出成功率，之后再确定是否表白，这样才能最大程度上表白成功。

其实成功率最高的表白是——引导对方对你表白。

真情实战

如果爱，请好好爱

不论两个人的关系处于怎样的状态，

都会有着当下需要面临的问题与烦恼。

04

不论两个人的关系处于怎样的状态，都会有着当下需要面临的问题与烦恼。也许你是个未转正的备胎，有着自己的犹豫与心酸；也许你们爱情长跑了很久，感情开始出现问题；也许你们长期异地，感情正在遭受很大的考验；也或许你正在经历着甜蜜的校园恋爱，可双方的互动还是会让你黯然神伤；又或者你正在苦于没有方法挽回因为自己粗心而遗失的那个她。

上述一切都将在这一章里找到答案。如果爱，请好好爱，请好好经营。

备胎要转正，先打破友谊区

一、备胎是什么

先说说备胎的含义，最先就是代指汽车轮胎坏了，未雨绸缪事先准备的轮胎，后来又引入两性关系中，代指某个女生暂时没有完美男友，或者没有时间找完美男友，身边有一个或者几个勉强可以拿出手，但是离正式的完美男友还有一定距离的人，换个说法，备胎也是卫星，围着女生环绕，把女生当作一切事物的中心。

二、备胎类型

1．工具型备胎

你具有一技之长，比如修电脑、修水管、修下水道、苦力、买单侠……你不足够有吸引力，但是你足够有“技能”，你就是她免费的苦力。

欧巴，我电脑坏了。

亲爱的，我想买那个包包……

2．情感垃圾桶

你没有上面那些实际用处的特长，你不会修东西，也没力气给她搬运东西，也没去给她买单，但是你就是懂得安慰她，给她排忧解难，说白了，你就是她的“知心大哥哥”“男闺蜜”“男姐妹”。

她心情不高兴、跟男友吵架、被老板/老师骂了，生活不如意了，就找你诉苦，但是倒苦水可以，你想发生什么，她就会说：我把你当朋友（哥哥），你竟然想睡我！

3．千斤顶型备胎

最命苦的就是这种了，属于上述两类的集合体，想追求的女神不想谈恋爱或者有男友时，自己又出钱又出力，默默无闻，好不容易女神想恋爱或者失恋了，自己只能安慰下，虽知道过几天上位做男友的不是自己，而是别人，但依旧无怨无悔地等待。

在绝大多数情况下，千斤顶类型的备胎，总是在无怨无悔的付出中感动了自己，却只感动了自己。

4．男友试用期型备胎

这个就是最原始的情感关系中的备胎了，想追求的女神的正胎坏了，你这个备胎可以上位了，但是有一个试用期，或者说观察期，干得好就转正，干不好就拜拜，又要严格履行男友义务，又不怎么能享受男友权利，只是挂着半公开的男友头衔而已。

我现在还不想谈恋爱，但是你真的很好，要是有一天我想找男朋友了，一定会找你的。

你对我的好，我都知道，真的，可是你要给我时间考虑一下。

三、为什么会变成备胎

1. 过于老实

就像人们常说的“男生不坏，女生不爱”，坏男生总有着自己独特的一面，深深吸引着对方。一个过于老实憨厚，被女生牵着鼻子走的男生永远不会成为女生心中的归宿。女生总是会被一个能够带给她情绪波动的男生吸引，比如说：

当你们决定要吃什么的时候，你有这样几个选项：

A：亲爱的，我等下去吃什么？

B：—等下去吃火锅吧？—味道也太大了！—那去吃什么？—随便。

C：有什么忌口？那咱们去酸菜鱼！

D：能不能吃凉的？能的话咱们去吃日料，我知道有一家特别好吃的日料店哦。

E：我有 20 家想带你一起去打卡的餐厅，宝贝你闭上眼睛，选一个。

2. 过于平庸且甘于平庸

你可以平凡，但不可平庸。太过平庸，自身吸引力不够，很难吸引一个女生，女生都希望自己的感情每天都有崭新的惊喜，有更多的刺激与浪漫，而平庸的你只是想给她一个安稳的家庭。殊不知，女生想要的不仅仅是安稳的家庭、平淡的生活。她们想要的是安稳的生活与浪漫的惊喜。

如果你甘于平庸，且寄希望于女生和你一起甘于平庸，那么你只能眼睁睁地看着她离开你。

3．不懂得拒绝女生

不少男生在面对心仪女生的时候，不能妥善地处理好自己的原则和处事方法，面对女生提出的“合理”或者“不合理”的要求时，总是没有办法拒绝。因为他们担心，如果这次我拒绝了她，是不是就再也没有办法去赢得她的关注了。甚至觉得只要自己倾尽全力满足女生的要求，总有一天能够感动她，抱得美人归。

可是，没有女生是可以靠感动赢回来的，她们也并不需要一个千依百顺的男生。

4．真命天女症

真命天女症是一种心理疾病，感情上屡战屡败的男性所患的一种疾病，他们对某位尚未建立亲密关系，甚至还未约会过的女生产生迷恋，他们充满渴望而紧张地绕着她转，结果却不讨女方喜欢。

四、备胎常见问题及应对方法

1. 女生对你从来不主动

表现：和你交往，从来不主动给你打电话，从来不主动问候你，从来不主动寻找话题。对你的主动也不排斥，因为你在她的眼里可有可无。

原因：会出现这种问题，一是因为你的需求大于女生的需求；二是你太主动了，导致女生根本没有办法主动。在这种情况下，不要去向女生抱怨“你为什么从来不主动”，此类行为只会让女生觉得你不成熟和太过斤斤计较。

解决方法：

（1）如果是因为你的需求感远大于女生，那么你要做的就是适当地减少对女生的付出，把时间和精力留给自己，在和女生相处的过程中，一定要掌握两个法则，一是四六法则，二是同频。

（2）如果是因为你太主动了，导致女生没有机会主动，那么你要学会适当地向女生提要求，你怎么就知道，女生不愿意花钱请你吃饭呢？！

2. 女生对你的付出来者不拒

表现：无论你送花、买礼物、请吃饭，女生都不拒绝，但是当你想要升级关系，她总是会找到理由来拒绝你。

原因：很多男生认为女生不拒绝就是同意，其实在女生的逻辑里根本不是这样。不拒绝你的投资，只是不讨厌你而已，这并不代表喜欢你。甚至于当你像朝圣一样地对你的女神进贡的时候，你早就失去了获得她平等对待的资格。

解决方法：（1）停止进贡。你用钱和礼物追来的，只是喜欢你钱和礼物的女生而已，用自身的魅力去吸引女生吧，把用来进贡的钱用于自身投资。

（2）善用预选。要让女生知道，她并非是你的唯一选项，在和女生相处的时候，制造暧昧，善于使用肢体语言。学会拒绝她，或者偶尔放她鸽子，相信我，有些时候，你需要的并不是技巧，而是勇气。她有多生气，就会觉得你有多重要，也会在心里开始重新审视你的重要性。

3. 当你淡化想要离开的时候，她会让你回来

表现：当你长时间和她在一起没有进展，你可能会想要放弃，而当你试图放弃的时候，她反而会开始热情，主动找你，甚至约你，或者是开始向你展示自己的脆弱面。然后你被感动，以为关系出现转机，又重新开始对女生好，女生开始冷淡，你想要离开，周而复始。

原因：其实很简单，女生并不希望自己身边的这么一个饭票、钱包离开，而且，当你开始退缩之后，她会开始质疑自己的魅力，从而开始试图通过一系列的行为来“挽回”你的关注。

解决方法：

（1）耐得住撩拨，也能够承担失落。有自己独立的价值观与待人处世的方式，不会因为女生的一点“怠慢”和冷漠就慌张失措，也不会因为女生的一点点恩赐和互动就心花怒放。

（2）培养自己的领袖意识。学会带领女生，学会引导和主导一段关系，你应该尊重女生的意见和建议，但是应该由你做决定。

打破友谊区

一、“友谊区”的概念

所谓友谊区，也就是传说中的好人卡，实际上就是双方彼此欣赏，关系最好最舒适的一个阶段，在这个阶段，两性之间那层窗户纸将破未破，女生太习惯男生非情欲的建立舒适感的行为，宁可跟他保持现状。如果她说：“我们还是当朋友就好……”你就是困在友谊区了。

二、为何会进入“友谊区”

1. 价值缺乏

从一开始你便极度不契合女生的择偶要求，所以从一开始，你便没有吸引力，只能困守于友谊区。

2．阅历缺乏，情感迟钝

你从一开始就没有把女生朝着恋人那方面引导，你和女生共处的进程只会逐步混熟，却无法走肾，跟你在一块儿感触就像闺蜜，也没有心境动摇，逐步地越混越熟还没走肾就真的变成闺蜜了，你们就会进入“友谊区”。

比方说，咱们有见过约会七次还不牵手的，一个女生肯跟你约这么多次必定开端是对你有好感的，有时不是由于心跳而牵手，而是由于牵手而心跳啊。

3．真的便是蓝颜至交

三观契合、性格互补，两个人从始至终都是惺惺相惜的朋友，谁也没有勇气打破目前的状态，害怕一打破。关系没升级就直接破裂，连朋友都做不成。往往是因为双方都异常珍惜这段关系所致。

三、“友谊区”分类

1．“工具型”友谊区（同“工具型”备胎）

你要知道的是，如果在友谊区已经提供了你所有的价值，那么女生为何还需要把你继续提升？她已经得到了你的所有，不必再进一步。

把目光转移到你自己的生活和其他女生身上去。要想走出友谊区，你必须首先切断她对你的这种需求。比如不要再请她吃饭了，不要再给她买礼物了，不要再免费给她修电脑了……如果她真的要求你这么做时，你应该坦诚地问她："那么，你拿什么作为回报呢？"

由朋友转为恋人是一件很正常的事，找一个合适的时机就可以突破了。关键是营造暧昧的感觉。

比如每天深夜聊电话，或者为她做很多事让她有了你在她身边的习惯，突然转身离开。再比如找一个机会和她大吵大闹，然后告诉她，你只是因为喜欢她而已。一句话总结就是推翻她对你的习惯性期待。

2．"死党型"友谊区

这才是真正意义上的"友谊区"。这种友谊区的难度是最大的，而且造成的伤害也是最大的。一旦你进入"死党型"友谊区，女生可以跟你无话不谈，可以不隐藏心底的秘密，可以跟你打打闹闹、说说笑笑，可以跟你同睡一室，可以跟你共饮一瓶水、共吃一口菜，可以对你进行物质上乃至感情上的投资，可以跟你有较亲密的肢体接触……

总之，你们之间的关系可以用"暧昧"来形容。

但是，她却无论如何也不会更进一步——因为在这种情况下，更进一步就意味着你和她之间是那种关系了。而你这时也十分谨慎小心，因为你觉得你跟她目前的关系好不容易达到了这种级别了，就生怕自己冒进会引来前功尽弃，到时候连朋友也做不成。

其实她也有类似的顾虑，她担心一旦彼此揭穿心事，到时候的尴尬肯定会使彼此连朋友也做不成。要知道，女生是情感的动物，她真的很珍惜你这个“情感”和“精神”上的异性伴侣。

四、如何打破友谊区

1. 把握平衡，不要过分熟络

陷入友谊区的男生很容易和女生分享自己的一切，像朋友一样无话不谈，很多时候让女生认为这是一种朋友的信号，而不会意识到这是追求的信号。

你需要做的就是减少主动找女生的频率，让她突然意识到自己和你之间微妙的关系，是一种介于朋友和暧昧的关系，让她突然产生内心懵懂的效果。

而你应该干什么就干什么，可以找机会多去接触别的女生，当你喜欢的女生如果真的也喜欢着你，就会主动找你并且生闷气，这个时候你们之间的关系就完全从朋友关系转变成即将走进恋爱的暧昧期。

2. 引导女生探索你

当你们以朋友的身份相处很久，大多数时候你们之间都很熟悉了，没有任何一点新的吸引力。

学会引导女生来探索你自己，不要什么事都告诉女生，偶尔保持一点神秘感，让女生想要来打探你的消息，想去了解你。向她展示你积极向上的人生观、新的爱好、新的激情，展示你的社交圈，展示你的高价值，让女生觉得她远远不够了解你。

3. 偶尔来点肢体接触

男女之间无意的肢体接触，会激起心中的化学反应，直接避开友谊区。增加身体接触会拉近距离，让两个人亲密度提升。

肢体接触是需要慢慢递进的，可以在你穿过马路或上楼时，随意地像照顾她安全或是引路一样拉一下她的手、扶一下她的肩。或者在你跟她开一些小玩笑，在她笑的时候可以摸摸她的头。

如果一个女生对你的肢体接触并不抵触，那你离转正就不远了。

4. 制造一些吃醋的小冲突

制造一点小冲动，让女生吃醋，会主动过来找你。不管女生还是男生都不太允许别人侵占自己的东西，当她发现你和别的女生距离稍近时，就会感到领土受到侵犯，会及时发动进攻。这个时候你可以给她解释，并且表示你是故意的，因为喜欢她才这样，会比较好地解决好这个问题，而且直接提升感情。

维护长期关系，你需要这么办

在我看来一段关系确立三个月以上，才能算长期关系。如果你现在正在谈恋爱，或者曾经有过一段不太融洽的长期关系。如果你在那段长期关系里发现，你越来越爱对方，而主动权也离你越来越远。慢慢地你发现她变得不那么爱你，甚至烦你，不想和你待在一起，没有一开始那么甜蜜，甚至频繁出现争吵，甚至分手，那你就要高度紧张起来了。

把对方当成你的唯一，那么你就必将会失望。

接下来，我想跟你聊聊在恋爱中，情侣在长期关系上会出现的问题以及解决的建议。

太过关注对方

问题：

很多朋友在单身的时候，自己生活挺丰富多彩的，比如说经常和朋友聚会，去运动健身、旅行，也会去做与兴趣爱好相关的事。但是自从有了自己的伴侣后就渐渐淡忘了自己的生活，以另一半为中心，几乎所有的生活重心都放在她那里。这是很危险的事情，因为这样子你在她眼中就形如透明，慢慢地她就会对你不再感兴趣，而你就会失去对她的吸引力。

破解：

你必须持续将你的注意力放在学业上或事业上，多和有思想的朋友聚聚。一方面，转移了你的注意力，表现出你是个认真生活、有志向有梦想的人，爱情不是你的全部。另一方面，你会发现你这样做，女生反而有失落感，她反而会来亲近你来继续得到你的关注。

激情不再

问题：

这是在长期关系中最常见的问题，两个人过了热恋期就互相对对方没有好感了，该做的、能想到的都做了，两个人相处得相当没意思。

破解：

懂得制造惊喜和浪漫，在长期关系的相处中我们一定要学会制造生活中的惊喜和浪漫。当然，不一定是物质上的惊喜和浪漫，你完全可以在女生生日的那天带女生到一个你已经秘密准备好的房间，里面贴满了属于你们的回忆合照以及你们的点滴故事。在某些属于你们的特定节日里，你有什么特长，比如会画画，画一幅属于她的画作，你会写歌，为她写一首歌。你说这些都不会，还能为她录个视频或者做顿饭吧，这种对她来说是特殊的只为她做的，她会一直记得这种美好。

切记，在长期关系里惊喜要有，但不能多，否则就不珍贵了。

付出太多

问题：

在长期关系相处里，很多兄弟会一味地为女生付出，无论是情感还是资源，这样会导致价值天平的不平衡，导致你的吸引力下降。

破解：

所以，我们需要适当引导女生付出。这也同样，不仅仅是物质上的，同时也可以是精神上的。

比如说情感上的付出，引导女生多去敞开心扉，不要一直在讲你自己的事情，多聊你们的人生观、价值观、小时候的事情等。当然在长期关系中你一定要有投资，不要一直让女生投资，她投资而你不投资，会让对方觉得没有安全感、你不在乎她之类的。

所谓的相互投资，就是你与她在一起的投资。当她对你投资越多，她就越离不开你。

魅力下降

问题：

很多半年以上的长期关系，你们的关系会渐渐进入一个平淡期。这时候你的魅力在她眼中会渐渐丧失。她开始会对你怠慢，不像热恋期那么小鸟依人。

破解：

这个时候你需要学会制造危机感，有意识或者无意识的都可以。当你们的生活中出现另外一个女生对你很好，想追你的时候，当然你这时候也一定要友好回应。同时被她发现，这个时候她会做出护食的举动，重新变回开始那个小鸟依人的状态来增加她的竞争力。这也是所谓的嫉妒在长期关系中的应用。

太过熟悉，吸引力下降

问题：

对方知道你从出生到现在每一个细节，谈过几段恋爱，上过什么学校，做过的工作，甚至身上哪里有颗痣。你的一切都让她没有再去探索的欲望，你对她没有吸引力。

破解：

学会制造神秘感、保持神秘感，一定是恋爱保鲜剂的一种特别重要的组成部分，而保持神秘感也要区分初期吸引与长期关系。在初期吸引时，你要做到尽量避免太快把自己过去的软弱、隐私、心中的不安全部告诉对方。

在一段长期关系中，存有某种神秘在里头，这是保持新鲜感的特别重要的方法。神秘感的内容要不断地被对方所探究、所发现，变为不神秘的东西，同时你又要增添新的神秘的内容。

比如说之前的你一直是乖乖孩，但是突然有一天你做了很暴力的事。又如之前的你穿衣风格属于嘻哈风，偶尔一次在她面前穿上修身的西装、衬衫。总之一句话，让女生看到反差很大的你。

联系感弱

问题：

长期关系中两个人很少一起做一些事情，女生往往会觉得自己跟单身没什么区别，没有安全感，你跟她的回忆基本上是空白的，女生自然不会依赖上你。

破解：

共同去完成一些增加联系感的事。你们可以一起去完成一些可以增进你们彼此联系感的事，比如一起吃饭、一起逛街、一起整理房间、一起买东西、一起旅游。一起，就是只有你和她的独家记忆，当你与她的回忆足够美好、足够快乐，她是不会轻易离开你的。

这样可以非常好地增进你们的联系感、信赖感。

长期关系中“吵架”

问题：

一对交往了近两年的男女朋友，因为女方去酒吧玩，没有提前告知男方，男方知道之后，与女方大吵大闹，最后这样一对鸳鸯羡侣以分手收场。很多时候一对恩爱的情侣只是因为一场情绪冲撞，就会分道扬镳。

破解：

在一段长期关系中当我们情绪不好的时候，我们最好不要向伴侣完全宣泄自己的情绪，如果要宣泄可以有技巧地宣泄。一定要在伴侣面前控制好自己的情绪，不要在情绪不好的时候对她去大吼大叫，甚至去数落她什么的，甚至无脑地和她对骂什么的。其实最好的解决办法是，你可以把自己的情绪去放一放，心情平和一点再去和她交流。

只要把她情绪的状态转变过来，让她脱离出难受啊，愤怒啊，生气啊，这样的负面情绪。然后，你再抱一下她，开个玩笑，她自己就好了，当女生心情好的时候所有的事情都迎刃而解啦。

长期关系中情商高的人懂得控制自己的情绪，识别他人的情绪。一时让她开心，一时让她失落，让她情绪坐过山车，她才能更好地爱上你，而情商永远会比智商重要，无论是感情方面，还是在人际关系方面，抑或事业方面，都能很好地处理这些问题。

长期关系是一门艺术，相爱容易相守难，真正的男生一定在长期关系里有相当的造诣。相信每位看到这篇文章的朋友在长期关系相处里一定会有很多收获并且收获你的爱情。

破解异地恋困局的方程式

在过往我经手的求助中，有相当大一部分求助者的问题是：异地恋如何维护、我要如何给她安全感、我应当怎么挽回我的异地恋人。诚然，异地恋不易，且少有能够得到完满解决的，我们也常常自嘲：结束异地恋的方法，只有两个，一是结束异地，二是结束恋。

我们先细数一下为什么异地恋会这么艰难：

1. 表达障碍

短信听不到语气，电话也看不到表情。由于这样的原因在沟通的时候会出现很多误会，不能抓住对方的准确情绪。

2. 没有共同语言

两个人生活在一起，那么在日常生活中就会有共同的生活圈子，话题永远都在更新，可以交流的事情会很多。而不在一起的两个人，会因为对对方身处的环境不熟悉而导致无话可说。

3. 不安全感

距离会让女生更加没有安全感，对于你身边的莺莺燕燕更加敏感，很容易用无理取闹来获取你的注意，借此证明你对她的在意。

4. 寂寞孤单

陪伴是感情里面很重要的一部分，而异地恋没办法做到这一点，两个人只能通过网络联系，女生很容易会觉得寂寞孤单。

5. 信念坍塌

身处在异地恋中的女生看到身边的人都成双入对，很容易会产生羡慕的情绪，慢慢积累会变成对伴侣的抱怨，再加上两个人对于感情不成熟的解决方式，对对方的不满会慢慢加深，导致最终的感情破裂。

异地恋很难，由于现实条件的限制，很多情侣还是要面对这样的情况，这更需要我们用正确的方法去维系两个人的感情，异地恋最重要的就是这几部分：

1. 异地恋该怎么维持?
2. 怎么解决没有话题的问题?
3. 如何破解信任危机?

一、沟通

异地恋最怕耍小性子和冷战，一旦长时间陷入这种尴尬的局面，感情就开始淡漠。如果这个时候再加上身边有追求者发动的攻势，那么我想恐怕这段恋情也就离 say goodbye 不远了。所以千万不要小看异地恋一次争吵带来的影响。

通常处在异地恋的女生都是安全感匮乏的重灾区，极容易因为一点小事就影响她的感受。例如：由于工作繁忙疏于对她的关心，同事间聚会而没有提前报备，身体疲惫却没道声晚安，在男生看起来这是一件很细小的事，女生却会给你一件件记着，这些都是两个人引发争执的导火线！

所以两个人的沟通非常重要，凡事最好在当下说清楚，不要将埋怨的话累积在心里。先感性后理性，认错这种事在感情这方面没有女士优先这么一说，所以男生一定要放下面子，将认错的态度端正好，不要一上来就讲道理，说什么别再无理取闹的胡话，否则，恭喜你成功地将事态升级了。

二、信任

异地恋都会担心这样长期不见面的情况下，会不会感情变得淡漠。也因为无法了解对方的情况，从而产生一些猜疑，这个时候信任感情就变得非常重要了。很多感情的破裂，都是因为不信任让感情走向死亡。所以男生的角色就应该充分地发挥起一个坚强、散发正能量专属于她的方向标。

因为异地恋，女生会和身边的朋友有更多的时间相处，对于这一点，你要让她知道，你对她很放心。因为每次她说要跟异性朋友一起你就很有防备心，那久而久之，她就会怀疑是不是因为你和其他的女性一起的时候做过对不起她的事情。但如果你放心她的话，会得到更多的信任，这些信任能够消除任何重大的猜疑与嫉妒。

三、联系

对于异地恋最难的，就是如何同步你们二人的变化，你们要熟悉彼此的日常作息，了解对方什么时候忙碌，什么时候空闲，这样的话，你们才能在合适的时间给对方发短信，打电话。也试着跟另一半分享生活中的点点滴滴，尽管有些事看着很平常。为了增进感情，时不时地相互传照片、语音和短视频。这样的话，会让对方有被爱着、宠着的感觉，形成这样的习惯之后，能让两个人的联系密切，也能让双方都安心。

异地恋还有一个说法就是和手机谈恋爱，因为没了手机，你们俩的联系就中断了。所以最好能保持一定的见面频率，不管是谁找谁都好，特别是在闹矛盾的时候，就应该好好想想是否该立马飞奔去她身边了。这个效果特别好，再大的脾气在见到对方的一霎都会全部消散。哪怕表面上还板着脸，其实心里已经乐开了花。

为了保持联系感，让两个人有更多的话题，也要多做相似的事。相互推荐书籍、电视节目、电影、音乐以及新闻等。当两个人阅读同一本书、观看同一个节目、听同一首歌，两个人的共同话题会越来越多。这样，即使彼此天各一方，也能一起创造属于两个人的回忆。

四、惊喜

每天抱着手机谈恋爱，想必再相爱的两个人也是会腻的，所以我们要适时给对方来点小惊喜，这样的方式有太多种了。多关注她所喜欢的，记住你们的纪念日，最好能有一个备忘录专门记录你们的点点滴滴，等你想为对方做点什么的时候也有个素材，让对方讶异如此细心的你，同时也收获一份感动。

送她的礼物不需要多贵重，哪怕是你亲手做的，我相信收到礼物的她也会非常开心。另外还有，在不告诉对方的情况下，突然来到她的城市，那一刻，你能看到对方眼里惊喜的光芒。

五、未来

愿意坚持异地恋的人，都是需要一个未来去支撑的，没有一对情侣会永远地谈异地恋，我们都需要安定下来。因此，两个人要共同制订计划，建立一个你们的时间轴，标注哪段时间两个人分开，哪段时间两个人会在一起，拟订最终目标。

通过描述与规划你们的未来，你可以让你的伴侣感受到未来你们可以有很多事情一同去完成。通过构建未来的蓝图，比如说以后我们的家庭如何构建、一起去旅行等，这样也是给对方安全感，长期关系中最重要也是最核心的一点就是要给对方足够的安全感。

异地恋想要成功必备三元素：

共同愿景，彼此世界观、价值观一致，有共同认可的未来愿景；

成熟人格，能够彼此理解、彼此包容、互相支持；

相聚蓝图，永远异地下场太惨，必须要有清晰可见的最终相聚地点，再排出逐步实施的时间节点才可以。

下面是一些小建议，可以帮助你们的异地恋一直保持活力。

1. 融入彼此的社交圈

社交圈的力量对于巩固你们异地恋作用非常强大。因为你不能够一直出现在她身边，了解不到她的很多实际情况。当她的朋友都变成你的朋友，可以更好地了解她的状况。

2. 千万不要在非见面场合里吵架

非见面的时候吵架，这样会形成感情裂痕，久而久之你们的关系会在某一天崩盘，吵架要当面吵，当面解决。如果实在避免不了，那也要就事论事，争取一次解决一个问题，不把问题积压起来，要记住，单纯地吵架没有任何意义，我们要从吵架上升到沟通，再上升到双方更多的了解，那么这样的吵架才有意义。

3. 避免过度交流

黏人过度和强占有欲并不明智，维持一段感情，真的不需要一天二十四小时都在聊天，这样的做法反而会让感情变淡，要做的是在恰当的时刻亮个相，让对方心里一紧，有种被牵绊的感觉。

4. 双方都要有自己的生活

要学会时间管理，填满你们的空闲时间，让自己的生活丰富多彩起来，这样即使没有对方的陪伴，也不会感到空虚。

5. 多用亲密话交流

情侣之间要时刻表达爱，多说一些“我爱你”“我想你”之类的话。由于距离的原因，你不能时刻在她身边表现你的爱，那就更要通过亲密话语来体现。

在异地恋中途还会有很多其他事情会发生，具体细节也有所不同，以上几点是把异地恋的风险降到最低的做法。异地恋没有大家想象的那么难，不用排斥。**真的爱了就坚持，用认真的态度去对待。**一路走来肯定不容易，有欢喜有悲伤甚至分分合合，但是少不了的是那份默契和依赖，所以一定要好好磨合，好好去爱。祝福大家，希望能对异地恋的你们有所帮助。

校园恋爱那些事

步入了大学，很多同学都进入了大学恋爱这一阶段，这是人生必经的过程。大学生恋爱的特征有以下几点：

1．校园是一个相对安全的地方

对于学生们来说，他们每天生活的地方就是学校，这也是一个人流密集的地方，周围的人都是学生，待在这样的环境里会让人觉得非常舒适，校园里的女生警惕心和防备心都很低，她们会觉得学校里是非常安全的，周围人也不会对她造成伤害，所以她对校园里的陌生人也会比较友好，更容易被搭讪。

2．学校里的女生基数大，获取女性资源很容易

女生多的学校都集中在护校、艺术类、师范类大学，还有一部分综合类大学。女生数量大，你的选择空间才更多。工作之后你的社交圈会改变，接触的女性同事就那么几个，而且办公室恋情一旦失败会对工作造成影响。相比之下，校园环境就自由得多，认识不同女生的概率更大，男生的选择也更多。大家都生活在学校这么一个圈子里，获取女生的信息也是比较容易的。你想要在这样的环境里搭讪，就要和这个环境相匹配，不要太个性，也不需要扮孔雀，这个时候给她安全感最重要。

3．学校里的女生空闲时间比较多，更容易撩拨

大学的课余时间很多，女生的日常生活大部分都是看偶像剧，讨论化妆品、衣服，玩各种社交软件，也会参加学校组织的社团活动来丰富生活。在大学，女生都会幻想一段美好的感情，希望找到心目中的白马王子，所以这个阶段女生会花很多的时间让自己变得更美，能够和心仪的男生接触，当她们独处的时候，也非常容易感觉无聊，所以很多女生对于接触异性的需求也比较大。

4．学生们的情感需求比较强烈

刚刚经过十几年的寒窗苦读，奋斗拼搏，才有机会进入大学的青年男女，一方面，在中学时由于升学的沉重压力和父母、老师的严格监控而不得不压抑自己的情感需要，进入高校后没有了这些负担，自我意识开始增强，情感需求也渴望得到满足；另一方面，大学生所处的环境，生活的状态相近，思想观点也比较相似。看到身边恋爱的同学生病有人嘘寒问暖，生日有人送礼物共同庆祝，苦恼时有人劝说解闷，平时有人陪伴呵护，出门成双进门成对，很容易使他们产生羡慕和向往之情。

5．校园恋爱更追求感情的纯粹，不太看重物质条件

大学生在恋人的选择上，更重视精神层面的相互认同，毕竟这个阶段还没有接触到生存的压力，现实生活中的物质交换、门当户对等不会对大学生构成影响，对钱的需求不会那么高，大大降低你想要找到女朋友的经济成本。而且在学校里因为大家都是无产阶级，所以女生很少去比较两个人目前的价值，而是更看重男生的个人魅力、才华等，这个时候你只需要提升自己的内在，去给女生描述一个美好的未来，让她觉得你是一个非常靠谱、非常有潜力的人，她和你在一起会很温馨和幸福，平时再把自己打扮得帅气一点，稍微聪明一点，学一些技能，比如弹吉他、打篮球、跳舞等，有这些兴趣爱好的话更容易引起女生的注意。

6. 学校里有很多社团或者社交活动，是认识女生的好途径

大学生往往一进入校园就会被种类纷繁、琳琅满目的社团晃得晕头转向，不知道到底选哪个好。要知道选择一个正确的社团，就决定了你在之后的生活中有多少机会和女生接触，一定要擦亮双眼。像一些理工类科研类的社团，听名字就知道里面根本没有多少女生，所以我们就要将眼光放在一些休闲娱乐类的社团上，比如旅游、音乐、舞蹈、文学之类的，这类社团往往是优质女生的集中营，选择加入绝对是不二选择。还有一些美食社、宠物社、DIY 社等，女生们基本上都没什么抵抗力，所以这类社团也是不错的选择。加入社团之后，就可以和大家打成一片，拥有更多的接触机会，各种活动去刷存在感，加强和女生的互动和联系。很多男生女生就是在这些活动中逐渐发展成恋人关系的，所以大学里参加女生多的社团活动是认识女生的好途径。

7. 比起恋爱结果更注重恋爱过程

在社会中，恋爱被看作为了寻觅生活伴侣，是婚姻的前奏。然而当代大学生注重的是恋爱过程，至于恋爱的结果没有那么在意。一些大学生把恋爱当作一种感情体验，注重的是感受和过程。也有一些大学生因为彼此欣赏而走到一起，互相鼓励与扶持，期待将来也一起走下去。但是未来对于他们来说太过遥远，责任也太过沉重，所以大家都是活在当下，享受恋爱带来的美好。注重恋爱过程，有利于双方相互了解、加深认识，也有利于培养感情、增加心理相容度。就像那句"不求天长地久，只求曾经拥有"，说的就是这样一种心态。

鉴于以上大学生恋爱的各项特点，同学们应该采取正确的方式，来应对你的感情问题。

对于大学生们来说，校园爱情是大学生活中重要的一幕，谈恋爱的经历是体验人生不可或缺的一课。一所大学就相当于一个社会舞台，上面有各式各样的人物，大学校园里每天都上演着幕幕爱情悲喜剧。经过丰富多彩的校园生活和复杂的情感体验，大学生们长大了、成熟了。当毕业后走向社会时，面对感情问题将会变得更加从容与自信。

情感挽回的综合解决方案

人生虽然没有太多的如果，但是人生并非没有重来的机会！我们都后悔曾经错过一段美好的感情，彼此分手没有怨恨，静下来只有想念和太多的遗憾。在情感的十字路口，我们选错了方向，但是谁又知道也许中途的分开到最后会是一个圆满的结局呢？在这个世界上，有覆水难收，也会有破镜重圆。

挽回感情是一门技术活，我会教你如何挽回感情，不是百分之百，也不会是百分之零，一切在于你自己，一切在于你的心态。当你的心态还不够强大到重新审视这段感情的时候，那么只会影响到你挽回的效果。

首先是心态建设，心态这两个字说起来简单，做起来太难，但心态尤为重要，在挽回感情上更是如此。

什么是心态

我举个例子，如果迎面走来一位你一见钟情的异性，这个时候你肯定会怦然心动的。但是绝大部分人，顶多会犯犯花痴罢了，请问你敢上去主动搭讪吗？别跟我说不怕，我想不敢的占绝大多数。为什么？很简单，就是怕拒绝。这就是心态！挽回感情，男女各不相同，两人感情经历也千差万别，总的来说，第一步：把握心态！

挽回到底需要把握什么心态

首先，挽回的过程中你要有坚定的信念。相信我是可以挽回她的，只是我们现在暂时分开而已。同时要心里有所准备，挽回的过程会相对辛苦，切莫心急，冷静下来摆正心态，没有那样快速的方法几步就做到挽回一个人。

其次，一定要搞清楚她为什么和你分开。如果你连分开的理由都不清楚，那么说明你们彼此不是真正地了解，也许这样的挽回是否有价值，值得商榷。

再次，千万不要有种我错了、都是我不好的心态。要尽量克服这样的心态，但并不是让你高高在上，而是让你们之间的感情建立在平等地位上。

最后，也是最难做到的，就是你要对挽回的那个她从心理上认为，她不是最好的。也许你会说，什么？我明明要挽回她你却要让我认为她不是最好的？没错，往往要挽回的一方都把对方看得极其美好，仿佛她的一颦一笑、她的一切都是好的。如果她给予你回复，你会欣喜若狂；她给予你回绝，你会万念俱灰，这种心态怎么能够挽回呢?

请记住，正确的心态是挽回的前提，也是成功的开始!

调整好心态，就要进入挽回阶段了。但是很多人在这一阶段还是屡屡碰壁，明明已经做好了充足的准备，却还是没能挽回她。究其原因，是你的挽回手段不合理，导致女生压力过大，越来越讨厌你。

所以在挽回的过程中，你一定要注意这四个误区，如果你还在做，请立即停止：

和对方辩论，讲理，试图说服对方。如果你说女生错了，那么她会更加表现错得离谱。本身在她提分手的时候，她对你的印象就已经很差了，这个时候你还在想着用一大堆道理去说服她回心转意，那更是大错特错，她会觉得你连最起码的悔改都没有。如果一个你很讨厌的人在你面前不断地想说服你，你会怎么想?

不断地给对方承诺，做保证。很多人在女生说分手的时候，心里着急，想着哄对方，会说“我保证以后不这样做了，以后我一定改，请相信我”或者“我以后再也不骗你了”“我以后再也不会和别的女生联系了”等类似赌咒发誓的话做保证。

其实这个时候女生会更感觉你很虚伪，她会想着你以前干吗去了，以前怎么没意识到改，所以这个方法是不能奏效的。

死缠烂打，不断地骚扰对方。分手后，很多人第一反应是认为女生生气了，为了挽回，做了各种纠缠的事。比如买礼物，送玫瑰，或者站在对方楼下苦等一晚上等各种屌丝行为。或者不断地求对方说“我爱你，我真的爱你”“求求你别离开我”“我真的不想失去你”等各种跪舔。

虽然理解这是绝大多数人的正常反应，但殊不知女生会觉得你是在逼迫她做不愿意做的事，结果反而把女生惹急，很多人因为这些行为，导致联系方式被删，被拉黑。

情绪状态低落，悲观，萎靡不振。虽然理解失恋的痛苦，但是，大家要记住，女生不喜欢悲观、情绪化的男生。很多人失恋后，整天患得患失，心里全是负面的情绪，想着自己以前对她不好，以前自己的过错，为自己以前没有珍惜她而懊悔，有心理素质不好的兄弟为此一蹶不振，得了心理疾病。更有甚者，自残，跳楼，做各种极端行为，这样只能让女生更加坚信和你分手是对的。

意识到这些挽回误区，我们教你如何正确地挽回，合理自然地修复你们之间破裂的感情。

1. 认同她的情绪

认同情绪的核心点就是：她说什么就是什么，不要和她作对。哪怕她说分手或者说永远不要见面了，你也要说同意。很多人会说，我如果同意了分手，那不就真的分手了？从心理学角度看，在这个情绪点上，人们对于和自己作对的人，很容易做出冲动的举动，如果这个时候你还在想着试图说服她，那么，这只会让她更讨厌你。

比如她说“我不想看到你”，正确的应对是：“好，我马上滚。”或者立马消失。她说“别和我说话”，我们应对的是：“好，我闭嘴。”她说你错了，那你就应该顺着她说：“我错了，我错了。”

2．和普通朋友一样相处

分手后女生会说，我们还是做朋友吧。其实，女生说这句话是顾及两人以前的情分，不想做得那么过分。但是，很多兄弟即使同意了和女生做普通朋友，但其实还是做不到。毕竟，一个深爱的女生和你做朋友的滋味并不好受，有些人会问，女生同意和我做朋友肯定是在给我机会，对，确实是在给你机会，所以好好把握。

3．不在她面前提感情

女生面对感情的时候，其实是非常敏感的，尤其是分手后。本身她对你的印象就已经一塌糊涂了，而你如果还一味地在她面前经常提到感情话题，女生就会下意识抗拒和你交流。而你可以和她交流下别的有内涵的话题，更有助于她降低对你的防备。让对方感受到你无所谓，感受到你积极、向上、乐观开朗的心态。

4. 断联

其实也就是彻底消失，像人间蒸发一样。断联绝对是挽回中非常有效的一个手段，但是很多人做不到这一点。

5. 制造新鲜感和神秘感

人与人之间，刚开始认识的时候，都想探索对方的内心世界和了解对方各方面的信息，这就是人对未知事物的一种探索欲。在两性感情中，新鲜感和神秘感能够起到很好的吸引作用。人与人之间随时联系的变化，新鲜感和神秘感的程度也不一样。而断联时间越长，新鲜感和神秘感越足。

6. 制造强烈的心里落差

大家可以试想一下，如果一个人对你非常好，可是某一天她突然去了远方，不知道什么时候才能回来，你的心里是不是感觉空荡荡的？你以前对女生非常好，有一天你突然消失了，她其实内心会很失落。因为之前她已经习惯了你的存在，其实当你消失以后，她会慢慢地想起你的好，尤其是在晚上空虚寂寞的时候，女生会回想起你们以前的各种美好回忆。

7. 为提高魅力制造足够的时间和空间

两个人长期待在一起，各种优缺点慢慢地暴露出来，女生会潜意识地缩小你的优点，放大你的缺点。因为人性本“贱”，每个女生都希望能拥有一个能带给自己幸福，而在亲人和朋友面前拿得出手的男生。如果分手后你还在和她频繁联系，经常见面，那你的变化很难用肉眼观察出来。而断联后，你需要的是努力提升自己各方面的高价值和魅力。当你某一天突然出现在她面前时，你的一举一动，你的变化会让她产生强烈的视觉和心理冲击，那么，你想吸引她就会更容易。

简单来说，就是经营好自己的生活，让别人看到你丰富多彩的人生，只有你爱自己了，别人才会爱你。最后再慢慢进入她的生活， 从做普通朋友开始，让她看到你的改变，重新追求她，相信你们终究会修成正果，让爱情回归其应有的样子。

男女互动常见的误区

总有人问小妖：明明之前和女生互动得很好，但是过段时间对方就远离他或者不理他了，而他本人觉得对女生很好，也没有犯什么错误。在这时候啊，男生们就需要反省一下自己和女生的互动是否科学了，看看自己是不是陷入了一些常见的误区。

自我心态篇

一、你的好，并不是真的好

小妖曾经讲过一个这样的故事：我想要吃一个梨，你给了我一箱子苹果，我说，我不喜欢，然后你花光所有的钱，送了我一车橘子。我拒绝你了，你想不明白，我用尽了我所有的金钱，给你我的所有，为什么你还是不接受我？！

可是，我从始至终，都只是想要一个梨而已。

很多人听完会笑笑，觉得给人一车橘子的这个人很傻。但是仔细想想，这个人就好像就是我们自己。

我们没有真正去了解一个女生，不知道她的需求到底是什么，只是单纯从自己的角度去对她好。这个非常像你的父母、老师跟你说的那句话“我是为你好啊”。你如果能记得你是怎么反感这句话的，那你就会知道，女生是多么反感那么不正确的好了。

你给的是她想要的吗？如果不是，就停止吧。不要到最后，仅仅是感动了自己，也希望你不要再在不知觉中勉强为难了别人，又挫败了自己。

二、用付出来交换爱情

我们每天都能听到一些男生振聋发聩的呐喊：我为你付出了这么多，你为什么不爱我？

男生普遍都有一个这样的思维模式，认为只要对女生好，女生就会听他的，就会喜欢他，和他在一起。只要给女生买东西、送礼物、整天接送上下班、生病买药、饿了送饭、不断对女生付出，总有一天，女生就会答应成为自己的女朋友。

这种行为模式就是用付出来交换爱情，这也是一个典型的“嫖客思维”，我们按照这个逻辑来推导得出的结论是：

1. 用付出能够换来爱情→用钱能够换来爱情→你永远不可能是你喜欢的女生身边最有钱的一个→她永远不可能爱上你。

2. 对女生好，女生就会爱上你→你不可能是对女生最好的→她不可能爱你。

3. 对女生好，女生就会爱上你→她爱上你了→出现一个对她更好的→她会离开你。

事实上，一个女生对你在乎对你用心，不是看你为她做了多少，而是她心甘情愿为你做了多少。不要认为你付出了，女生就会爱上你，其实你的付出只会证明她的魅力大，毕竟能够吸引公主的是王子而不是她的仆人。在爱情中不存在投桃报李，所以，对她好并不能让她爱上你。

女生在乎的是：

1. 相处过程中，你有没有带给她情绪波动；

2. 你能不能对她产生本能的吸引。

而我们的付出得到的是：

1. 证明女生的魅力更大，所以我们讨好她；
2. 我们不自信，从内心认为通过付出才有可能和她在一起；
3. 把自己放在一个低的位置仰望她。

即使因为我们的付出，她愿意和我们在一起，吸引她的也只是我们的“好”，而不是我们这个人的独特性。这意味着，出现对她更“好”的人，我们就会被取代。

她对你是否在意，不是你为她做了多少，而是她心甘情愿为你做了多少。

总之，付出换不来爱情，送给大家花钱的两大原则：

1. 不要用钱来证明自己；
2. 不要因为钱而产生尴尬。

当然，我的意思并不是说，你们不要再对女生好了，而是如果你真的喜欢她，想要对她好，就单纯地对她好，不要试图通过金钱上的付出、精力的付出，去要求女生给你同等量的回馈，这是非常无理的行为。女生也能够感受得到你的“需求感”与“低品质”。

我也不是说让你无条件地付出，这是傻子才干的事，如果你觉得不愿意、不值得，就停止或者放弃好了。不要既看中了女生的美色，又想要什么都不做地让女生送上门或者通过两顿饭就让女生宽衣解带，女生不愿意你就肆意诋毁，这是渣男。

三、通过弱势围绕女生

错误表现：

1. 总是迎合女生的观点

和女生互动总是一味去赞同、迎合她的意见，认为这样能赢得她的心。或许她会对你友好，或许她会很高兴；但是你们的关系，最多是她众多的普通朋友之一。因为对女生来说，她们喜欢有自己想法和主见的男生。

2. 向她寻求认可或者请求许可

相处中，小心谨慎地想要获得女生的认可。但是，女生不会被这样的男生吸引，只会觉得讨厌。

3. 过分在意女生所说的话

认为你喜欢她，就要在意她说的每一句话，按照她的喜好打造自己。这样，她不需要花费精力在你身上，反而不会在意你。

正确做法：

1. 不要寻求女生的认同

我们不需要寻求女生的认同，这样的行为是告诉她：你不是一个强者，没有自信和她相处，需要取悦她来获得她的青睐。

2．不要莫名奇妙道歉

互动中，不要因为自己的行为可能引起女生的不适就去道歉，这样就更表明你的想法猥琐。相反，小事情上可以强势一点。

3．通过强势引导女生

强势不是强硬，展示自己是强者。第一，对自己的控制，能坚持自己的原则，即使受到压力也不改变。第二，能引导女生的情绪，让她愿意跟随你。

四、用黏人来表达爱

当我们喜欢上一个女生，就开始不断给她发消息，想要约她出来见面，害怕一旦不联系就可能被遗忘，但往往女生只会因为你的黏人更加反感和你相处。

这会让她觉得你随时都能陪她，你是一个没有自己生活的人，但能吸引女生的一定是有自己生活的男生，而不是除了陪着她无所事事的男生。

不要把自己太廉价地售出，随时都在准备和她相处，在她需要的时候陪伴就足够了。太容易得到你，她就不会知道你有多重要，女生想要的是限定款，而不是打折爆款。

我们要学会给女生私人空间和自由。

1. 减少频率

我们要有自己的生活，能吸引女生的是有自己生活的男生，不在于我们陪她多久。不要让自己太廉价，得到太轻易，她就不会珍惜。

2. 我们要先离场

聊天、约会重要的是质量而不是数量和时间，学会在互动最舒服的时间点主动结束，让女生觉得意犹未尽。

3. 减少我们的需求感

恋爱需要一个启动的过程，不要前期又急又快，这是一个逐渐加快的过程，学会控制自己的需求感。

五、过分在意女生所说的话

我们会有一个根深蒂固的想法：我爱她，我要在意她说的每一句话，在意她的喜好。

她说她不喜欢我这样说话，我就不这样，她说我这件衣服不好看，我就再也不穿它，她说她不喜欢戴眼镜的男生，我就戴隐形眼镜。

当你过分在意女生说的话，她的第六感是可以立刻感觉到的，她会下意识地觉得你已经足够重视她。那这样她就没有必要，为了让你更加在意她而付出任何努力。

这样你们的相处就变成你永远都在配合她，而她完全按照自己的意愿和你相处，不会顾忌你的感受，当你也感到疲惫的时候就是你们感情走到终点的时候。

行为误区篇

一、不自信不尝试

和女生互动，最常见表现：

1. 不会聊天，和其他人都行，对喜欢的女生什么都说不出来；
2. 聊天还可以，不敢见面；
3. 约会四五次，不敢牵手；

……

这些归根结底是什么原因呢？

不自信。

担心不会说话被讨厌，担心见面会被拒绝，担心牵手会被当成流氓，有的甚至连担心什么都不知道，这都是因为：你对自己不自信。不自信是每个人都会有的，但自信又是从哪里来的？

自信来源于：在某件事情上，你经历：努力→坎坷→克服→成功。那么对这件事就开始有了一点点自信，但只是一点点。

想要真的成为自信，要不断经历这个过程，这样不断积累，就形成对一件事情的自信，而这只是针对这一件事。很明显，自信的得来，从来都不是轻而易举的。一定是：做了些事情，取得些成果，才能形成自信。

想要成为一个自信的人，就要去做些什么。也会经历失败，但在这个过程里你会成长。所以，在相处里你想要有自信，先和她们做朋友，不带目的相处。

在这个过程里，你变得自在，有自信，当你和喜欢的女生相处，就不会畏手畏脚，当然也会紧张，但你都能把握。

二、过分亲密热情

人与人之间关系的边界值我们称之为：分寸，也就是：什么样的关系，干什么样的事。

你和她是陌生人，那就微笑示意友好；
你和她是普通朋友，那就嘘寒问暖；
你和她是好朋友，可以两肋插刀；
你和她是恋人，那就互为软肋和盔甲。

如果你做出了跨越你们目前关系的事情，女生就会想，你要做什么？你有什么样的目的？

当你和她认识没几天，没有合理的理由就请人吃饭，女生会想要回请回来；当你给女生发一堆自我感觉很浪漫的消息，她会觉得你太轻浮，你不会得到你期待的答复；当你在敏感节日给她送礼物，女生会因为关系不到位而感到尴尬。这个时候，你所谓的“好”，都是不恰当的、多余的、令人不舒适的。

在刚刚认识阶段，你的好表现为“友善关心她的一个朋友”就是合适的，她绝对不会说，你这个朋友让我压力很大。所以你和一个女生是什么样的关系，就去做什么样的事情。超出关系的好会让人理解为有所图。

三、过度表现自己

简言之，就是装。什么意思？什么叫装？什么叫过度表现自己？

就是你没有的东西、没经历过的事情、没感受过的体验、没去过的地方等，你想要让女生觉得你有，这就叫装。跟喜欢的女生在一起，就会尽量伪装自己，尽可能表现出完美的自己，所以在互动的时候就会显得特别假。

这是一个最常见的现象：你越想在这个女生面前做好一件事，就越没办法做好，它会让你紧张，不能和女生正常交流，所以通常只有反作用。

正确方向：不要故意表现自己，保持自己的风格，保持自己的框架，让女生来跟你正常的相处。

四、总是迎合女生的观点

大多数男生碰到自己喜欢的女生时，总是一味地去赞同、迎合女生的意见，觉得这样就能赢得她们的心，错误地以为：讨好女生会让她们喜欢上自己。

好像只要赞同她，就会让女生感到舒服开心。你总是顺着她，去获得女生的“认可”或“许可”，那她还有什么理由不高兴呢？没错，或许她会对你友好，或许你在赞同她观点的时候她会很高兴，但是对她而言，你们的关系也就到此为止，很难跨越普通朋友。

对女生来说，她们更喜欢那些有自己想法和主见的男生，而不是那些成天只会同意她们的观点和要求的男生。

在女生看来，总是赞同她的男生是没有主见的、软弱的、无能的。 这样的男生对女生是无法产生吸引的。即使在她内心脆弱的时候，想和一个这样没主见的男生试试看，但很快，她就会离开，这是女生的本能。

五、过早表白或过早倾诉感受

在两个人没有过多交集，就过早表白或过早倾诉感受，会导致如下后果：

1. 时间太少，让女生觉得你的感情不足够真挚；
2. 表白倾诉过快，显得对感情不够负责；
3. 女生接受过多的追求，并不能让你脱颖而出。

感情发展是有步骤的，过早、过度，都对发展没有帮助。

六、平淡导致失败

单身最普遍的错误：平淡。

表现为：互动平淡，聊天平淡，约会平淡……

女生需要激励、刺激和神秘感，当你们过早熟悉之后，就会失去探索欲望，导致感情平淡，关系平淡，直至关系终结。

恋爱基础篇

一、不理解女生的爱是怎么产生的

在男女吸引的问题上，女生和男生有很大的区别。男生看见美丽性感的女生，就立刻会感觉到吸引，但女生不是， 女生通常是由于其他因素感觉到男生的魅力。吸引女生的是，她们在男生身边，男生给她的那种特别的“感觉”。

这时就体现出，一个男生身上强有力的自信以及强大的心态，是最核心、最重要的因素。否则，就会情绪化、玻璃心、疑心重、幼稚，然后这种情绪化的状态，会导致他面对女生，不自觉或者不受控地做出一些让对方感受不好的言行。

想要真正改变这种状态：

首先，认识到问题的存在，同时建立正确的认识；

其次，尝试去做正确的事，尽量避免自己犯错以及重复之前已经犯过的错；

最后，是自己真正地做到，真正地经历过成功，整个人的心态会随之发生变化。

二、以为“钱”和“脸”是吸引女生的关键

的确，是有一部分女生只对这些东西感兴趣。但是，绝大部分女生对感情的核心需求是一个男生的个性特征所带给她的感受。我们回忆一下，我们无数次请吃饭、送礼物，可依然被拒绝，足以说明这不是感情的关键。

但是，这些事情会传递出一个信息：你认为女生不会因为你这个人本身而喜欢你，所以要竭尽全力地用钱，来交换女生的注意和爱，这是一种极度缺乏自信的表现。

三、女生爱上一个人的表现

女生投入一段感情的表现：她愿不愿意为你付出和投资。

具体就是，她愿不愿意和你说话，睡很晚也可以；她愿不愿意送你小礼物，给你惊喜，花费心思在意你的感受；愿不愿意跟你亲近，从牵手开始……

因为，人的行为会直接影响内心，人更在乎自己全力投入过的东西，付出就会有感情。同时，她的行为会影响她的内心，她会认为自己是喜欢你的，因为我们总会下意识地给自己的行为找一个合适的借口。

所以当她开始为你付出和投入，这才是她开始被你吸引，开始喜欢你的标志。

小妖微问答

成熟一点吧，感情的事情没有道理，也不是数学公式。

你好，才有人喜欢你，你不够好，

即便你对人掏心掏肺，也没有感激你。

05

在做咨询师期间，小妖每天都会看到听到很多人的故事，当然大部分都是情感烦恼这类的。

从无数的案例中，小妖从八个方面进行了归类整理，并筛选出以下这些具有探讨意义与大众普遍性的案例。

也许你不是案例里的主人公，可你也许曾经、正在或者以后，面临过或将要面临这些问题。你可以在这些案例中获得思考、找到自己疑惑的解决办法。

关于追求的案例

案例一：外貌重要吗？

问：我以前瘦的时候，没什么钱，却很有女生缘，谈过好几次，后来胖了四十斤，也算有经济实力了，却一点女生缘都没有了；虽然说话也算幽默，可身材就这么重要吗？难道说外表的吸引力占了百分之八十吗？说什么女生喜欢领袖价值，我不认同这种观点，希望老师做解答。

答：第一印象不是占了百分之八十，而是第一印象决定了女生愿不愿意去了解你的内在，再说明白点就是：第一印象决定了你们之间有没有后续发展，也就是说第一印象决定了你们能不能在一起。这么说，你明白了吗？

第一印象由非常多因素组成，不仅仅是你的身材外貌，还有你的谈吐、举止、气场等。在优质的女性面前，有钱的男生其实永远不缺，所以，除非我们刻意放低对女性的标准，不然很难单靠财富和地位去吸引女生。女生会观察男生的行为，并在此基础上去衡量男生是否具备足够的生存价值，其中包括：上进心、真诚、幽默有趣、慷慨、同情心、礼貌……这些品质上的特征会比资源上的特征更容易潜在地影响男生给女生的第一印象。

那么，如何快速地把自己和其他的男生区别开来？“社交认证”就是高价值人群才拥有的特殊社交信号，社交认证对于女生而言尤其重要，繁衍价值可以用肉眼一眼辨别出来，但是生存价值就没有那么显性，所以女生的本能会驱使她们花更长的时间去判断一个男生的内在价值，社交认证给了女生一个很好的参考标准，用来排除掉那些低价值的男生，社交认证能给人一种“你看，大家都喜欢他，所以我也喜欢他”的效果。领袖价值，就是社交认证中的一种，领袖价值也会让女生明白，这个男生具有很高的生存价值。

最后再来说说你的问题，有经济实力并不代表有生活品质，女生在意的不是你有多少钱，而是你的生活品质是不是优质；你所说的话幽默，也许只是你认为的幽默，对于女生而言，并不是让她们笑就叫作幽默，何况，大部分的男生，连让女生哈哈大笑的幽默感都没有。

案例二：聊天终结者

问：我最近喜欢上一个女生，感觉她对我印象不错，约了两次出来了，现在我很想在微信上和她聊天，拉近距离，可是总找不到话题，聊天总聊死。她都说，你这是要聊死吗？求救啊，我追女生失败就在这儿，真心求教该怎么做。

答：首先，你搞错了顺序和重点，如果你想要和她拉近距离，你要做的，就是和她约会，然后升级关系。而不是试图用自己的短处去拉近两个人之间的距离，做法错误又收效甚微。

其次，再说聊天的问题，关于聊天有几个非常重要的宗旨和原则，第一就是：如果不知道说什么，那么什么都不说，都比你一个劲不停地提问或者尬聊要好得多，起码你是不犯错的。

再次，如果你觉得没有话题，那么无非就是以下几个原因：

1. 你的生活太无聊，什么好玩的有趣的东西都没有，这个就需要提升自己的生活品质，改变自己的生活模式；

2. 你本身就是一个不善言辞的人，这个需要你不断练习和改变；

3. 你面对喜欢的女生的时候，紧张、害怕失败，所以给自己太大的局限性，这个需要你调整好自己，改变这种心态。

最后，还有几个关于如何和女生相处的建议：

1. 不擅长和女生聊天，那么你要做的就是多练习，没有人天生就是一个擅长聊天的人，都是通过学习和练习进步的；

2. 和女生聊天不要问问题，不要步步紧逼，学会掌握节奏和频率，这个比话题更重要；

3. 善于观察，女生有朋友圈，就会有生活状态，善于观察，才能找到更多的共同话题；

4. 打造一个自己的生活模式，简单来说就是你要过一些自己的生活，不要一门心思关注她，这样即便是你会聊天，也没有用，女生也会越来越不喜欢和你聊天。

案例三：不自信怎么爱

问：认识一个女生八个月了，我很喜欢她，刚开始聊天的时候，她的回复还挺快的，因为是短途异地，所以到现在也没见过面，刚开始有时还会主动找我，现在基本上我不找她，她根本不会理我，就算我发什么朋友圈也不会评论。我知道我错过了最佳时机，但也是因为之前太心急了，最后挂了。这回想慢着点，先让她有好感的，没有直接表白但是暗示过，可是感觉就是冷冷的，可以说我知道她不喜欢我。我其实不是不想早点去约她，只是我想让她感觉好一点再约，没见过面想提升又不太可能，我现在就想知道我们还有可能吗？因为本身的缺点就是矮，这也是我一直没什么信心去约她的一个原因，之前的女生都比较嫌弃我这方面，还有几个人在追她，是和她同一地方的，现在我压力好大，我不知道怎么样才能让她喜欢上我。

答：首先我来分析你的问题：你在处理和喜欢的女生的关系

时，所表现出来的心态和行为非常具有代表性，很多男生特别是自信心不足够的男生都会有这样的困惑和疑问。

你最大的问题是不自信。很多男生会因为一些（可改变的）原因：长相、收入、未来、情商以及一些（不可改变的）原因：身高、年龄、家庭等，在面对女生的时候产生自卑的心理，担心自己配不上女生，从而在和女生相处的过程中把自己摆在一个很卑微的位置上。但是，我想告诉你的是：没有女生会喜欢一个不自信的男生，你觉得你配不上那个女生，你就真的配不上她了。

然后我们来说说大众自卑的点：

长相——一个男生的性感，在身材、在衣着、在发型。脸不好看，你要做的就是通过行为举止和衣着搭配来让自己更加有气质；

收入、未来——没钱就去赚钱，如果能力所限，就让自己在少收入的情况下去打造一个好的生活模式；

情商——多沟通，多练习，多听，情商是在与人的沟通相处中提升的；

身高——既然身高无法改变，那么你要做的就是让自己看上去更高或者练出好身材。其实，女生没有你想的那么在意你身体的高度，她们在意的是你思维的高度；

年龄——喜欢上比自己大的女生的时候，会担心年龄太小吸引不了女生，或是因为年龄被拒绝。但女生，在意的不是年龄，而是成熟度。如果你足够成熟，那么女生并不会介意你的年龄；

家庭——你无法选择你的出身，但是你能选择你的行为，“决定你成为什么样的人的，不是你的能力，而是你的选择”，这句话是《哈利·波特》中邓布利多说的，我觉得非常有道理。

你看，所有的这些你们给自己找的借口，都是可以改变的，或者说，这些是你们的心魔，克服它们，你才能变得更加优秀。你们要考虑的，也并不是“我要如何让她喜欢上我”，而是“我要变得更加吸引女生”。

案例四：情商低的爱情菜鸟

问：我比较闷，她开心的时候我会很积极，但是如果她情绪不好，我就不能很好地调动她情绪，情商较低，她有抱怨过。我有点自卑，主见不够，例如出去吃饭不知道去哪儿吃，吃完又不知道去哪儿玩，她有提到过这样让她安全感不够。我意识到了，我在不断改。但是，突然间断了联系，不敢去找她，怕她抵触，就像我去微博找她朋友一样，她说别把两个人的事搞得朋友都知道。老师，我该怎么办？我爱她，不想放弃她，我该怎么办？能帮帮我吗？谢谢！

答：你处理感情问题，就像一个完全的菜鸟，那么也不能怪女生对你失望了。我们先来说说你的问题：

1. 不懂得调动女生的情绪，这个会导致女生对你缺少心动的感觉；

2. 做事没有主见和计划性，连吃饭吃什么、约会去哪里这些问题你都不知道，难道你让女生来替你做决定吗？还是你打算把女生约出来之后两个人大眼瞪小眼看五个小时？

3. 处理感情问题笨拙，把两个人的感情私事闹得尽人皆知。

这些是你在求助中表达出来的问题，那么我再来深入地分析下除了这些问题之外，你还可能会有哪些隐藏的问题：

1. 聊天不懂得及时离场，掌握不好两个人之间聊天以及关系升级的节奏；

2. 在和女生相处的过程中，太过于小心翼翼，谨小慎微；

3. 不懂得带领女生；

4. 自己缺乏安全感和信心。

如果你不懂得调动女生的情绪，完全被女生主导，那么你要做的是去提升自己的聊天能力、提升自己的情商，每天不带目的地去和女生聊天，慢慢地你就会发现聊天中有哪些禁区、哪些话题女生兴趣度和投入度会高一些。

如果你约会做事没有计划性、没有主见，那么，你难道不会查攻略吗？难道不会看大众点评吗？难道不会在假期的时候约朋友去出去走走，然后根据自己去的地方制订一个约会流程和计划吗？这些事，如果你有心，就能做得非常好了。

如果你自信心不够，那么你就更应该去培养一个自己的爱好并且投入进去，这样能够在很大程度上培养你的自信心。持续的自身建设与自我投资，才是你自信心的来源。

我想和你说：不要把所有的问题都归咎到你情商低，很多时候，都还达不到用情商的地步，你只是不用心而已，就像很多时候你的努力都达不到拼天赋的地步。你不是情商低，你只是懒惰以及待在自己的舒适区不愿意出来。

案例五：我是好朋友，我想做男朋友

问：我追了一个女生四年了，都没有追到 ，我问她对我有没有感觉？她说有，但是现在不想谈恋爱 。我每次叫她出来，她也出来，就是不愿意跟我相处（她没有男朋友）。我们出去玩的时候都很开心，我感觉我有点怕她，每次看到她都没有什么话说，想说也不敢说，不知道为什么。每次跟她在一起的时候，我都小心翼翼的。

答：你越害怕，越容易出错，你越小心翼翼，女生越不可能

喜欢你。女生不会因为你小心翼翼的呵护就对你刮目相看，往往当你如此兢兢业业地维护一段感情时，就是一个女生越来越不珍惜你的时候。

也许你看到这里会有疑惑，那举一个例子吧，你有没有看过《小王子》？小王子在他的星球上，耗尽所有的心力，培育保护了一株玫瑰，换来的只是玫瑰的冷言冷语与无情伤害，最后即便小王子离开了玫瑰，来到地球，遇到一片玫瑰园，却也无法再爱上任何一朵玫瑰，他爱的只是那朵自己不断付出守护的玫瑰。这个就像是你的爱情，你用尽了所有的心力来呵护她，除了感动了自己，让自己深陷其中，换不来任何一点感恩与爱的回馈，最终耗尽你的爱情与信念。

首先，不要去做一个这样的男生，不要在情爱和欲望里迷失自己，你要学会掌握吸引女生的诀窍，尝试着掌握一段感情的主动权。

其次，不要把爱情加上过多的仪式感，你需要的是行为上升级为情侣关系，而不是言语上。不要试图通过告白升级你们之间的关系，这个不仅错误而且无效，你能得到的结果，也无非就是：不愿意。

最后，女生愿意和你约会，愿意花足够多的时间和你相处，那么，她其实是可以成为你的女朋友的，你只需要不断地升级你们之间的亲密度就好。简单来说，你不要害怕去触碰她，拉她的手过马路，人来人往的街头保护她，和她玩一些有互动的小游戏。让她慢慢适应和你的肢体接触，这个是升级关系最重要的基础。

当你们的亲密度已经升级到和情侣类似的时候，那你需要做的，只是找一个适当的时机，让她明白，你已经是她的男朋友就好了。关于如何在约会中逐步升级关系，这个在前面的章节里面已经有做过解答，在这里就不再细说了。

关于表白的案例

案例一：表白要不要

问：老师经常说不要过早表白，但是什么时候表白，这个度新手很难把握。你说循序渐进关系到位了自然成为男女朋友，可现实很多时候不是这样的。女生吊着你，对你的好来者不拒，等你一表露需求感，她就发好人卡。我相信很多哥们儿当备胎都当怕了吧，所以才想着先确定关系，如果女生不想谈，那就别浪费大家的时间。

答：“如果女生不想谈，那就别浪费大家的时间”，这个想法就是典型的为自己的失败和无能找借口，你只不过是把爱情当作交易，你所谓的谈恋爱也不过是想找个正当的理由睡女生，抑或一步到位直接结婚生子满足你的各方面需求。

女生不是物质的代名词，女生也没有那么多公主病，大部分的女生也并不需要养那么多备胎，不要因为你自己不懂得和女生相处，不懂得吸引女生，就给女生打上这么多的标签，你不过就是一个感情的失败者，和女生坏不坏没有关系。举一个不恰当的例子，如果你是狮子，你不会怪狼群凶残，只有当你自己是绵羊的时候，你才害怕狼群。

案例二：网上表白被拒绝

问：老师，我刚接触小鹿情感没多久，没上过课，有个问题需要咨询一下。我现在大一，班上有个女生是我喜欢的类型，我跟她是无意中熟悉的，然后平时聊得也不错，各种话题都有。我不想错过她，平时就给她一些暗示，比如说她是我比较喜欢的类型。她跟我关系也挺好，比如我晚上在外面有事，很晚才回来，她会提醒我多加衣服还有路上小心。我感觉不能再等了，就在 12 月 31 号那天跟她在 QQ 上表白了（因为我曾假装无意中问她能接受哪种表白，她说能接受在 QQ 上表白），她很意外，然后过了几分钟跟我说她有男朋友了，但我们还可以做朋友。可我清楚地记得她不到一个月前还说自己单着，所以我怀疑她这是废测。当时我不知道该说什么，就回了句那我不会打扰你的。那天过后，我们的关系没什么变化，空间里还是像以前一样正常互赞，只是我不敢再主动和她找话题聊了。但我难得碰到这样一个让我心动的女生，我不想就这么放弃，不争取的话就要彻底出局了。接下来要放假了，我也见不到她，请问我还有机会吗？我应该怎么办？

答：有几个问题需要特别和你说明白：

第一，不论女生说能够接受哪种形式的表白，都不能说明当你用那种形式告白的时候，她会接受你，也许当时她在回答你这个问题时就是在敷衍你，何况不论你用什么样的形式告白，女生在大概率上都是不会接受的。

第二，女生在你告白的时候和你说，我有男朋友了。这个不是废物测试，这个是用有男朋友这个理由来拒绝你。在两个人相处的初期或者互动的初期，女生感觉到你的需求感，用“我有男朋友了”来提醒你，不要再费心追求她了，这个才是废物测试，你都已经告白了，女生要做的不是废测你，而是拒绝你，明白吗？

再回到你有没有机会的问题，答案是，机会肯定是有的，但是按照你目前发展的趋势来看，对于告白失败后，你的操作还是可以，不至于被女生拉黑。

第一，女生有没有男朋友这件事和你没关系，你也根本不需要关注这个。

第二，抽离你做得不错，接下来你要做的就是改变。你在之前和她的相处中有非常多的问题，比如说一切以她为中心，可得性过盛、暧昧时间太长、升级不及时。这些都是因为你在两个人相处初期没有掌握好节奏。这个需要学习。

第三，降低女生的防备心，预选也好，抽离也好，要让女生知道你现在不再想追她，从而无压力地和你约会，也算是重新掌握主动权的一种方式。

第四，升级，这个是需要重点学习的，如何给女生一个好的约会，这个对于升级至关重要，记住一点，只是约出来吃个饭或者看个电影，在我看来，根本算不上约会！

案例三：错过告白如何补救

问：女生昨晚发微信给我说“我喜欢你”。我没看到，过了2 小时，后面又发了句：游戏而已，别当真。那可以确定女生对我有意思吧？我邀约出来说清楚，会在一起吗？

答：既然她说是游戏而已，你再邀约就显得太过于刻意了。首先我们来分析下女生的心理，在绝大多数情况下，如果是游戏，女生应该在游戏后30分钟之内就和你解释了，不会拖到两个小时，明显是因为得不到你的回复，才找的这么一个理由来掩饰自己的尴尬。

而你现在要做的，不是去追问她所说是否属实，一般情况下女生为了维护自己的面子从而回复你：真的只是在玩一个游戏。也不要去约她出来告白，女生会因为之前的情况而更加小心地处理你们之间的关系，所以女生最大可能也是拒绝你。

综上所述，如果和你告白的女生，你不喜欢，那么就当作这件事是一个玩笑；如果和你告白的女生你正好喜欢，你要做的就是，当作这件事没有发生过，用开玩笑的方式把这件事翻过去："原来是游戏啊，害我白激动半小时。""哎哟，怎么反悔了呢，我正在准备爱的宣言呢！"然后就可以按照正常的吸引流程约女生然后升级关系啦！

关于备胎的案例

案例一：哥哥备胎并没差

问：七夕和女生表白被拒，然后过了大概半个多月，因为学车她又主动问我一些问题，就这样一直聊，几乎每天都不断，每天聊到十一点左右，其间元旦出来一起吃饭。吃饭期间用什么看手相、变魔术牵她手也没拒绝。从那之后还是一直聊天。然后最近几天她总是说我单身还缺女朋友，有时候故意发和她闺蜜出去玩牵手的照片说是和男朋友逛街，有一次还和一个男性朋友去买东西，还去我和她说过的一家火锅店吃饭。但是她说她朋友一直抽烟让她很郁闷。她给我的解释是她正好要去那附近买东西。我自己的感觉是她把我当个哥哥，微信聊天百分之八十是我主动去找她。今天她又突然说微信啥的都不用了，浪费时间太多，有事就打电话。这也太情绪化了，请问我就是备胎还是哥哥，还有她是怎么想的，我要怎么突破？请老师帮忙分析，万分感谢！

答：你们男生也真的是天真得可爱，竟然会觉得“哥哥”和“备胎”有区别？不要在看到这句话的时候和我辩解并举例说明备胎不能做什么，哥哥可以做什么！小妖作为一个女生，想要告诉你们：不要再自欺欺人了，我们从来就不认什么非血缘异性哥哥的，除非你是一个难得的备胎。

在你和女生相处的过程中，首先，你犯了一个错，那就是表白，暴露太多的需求感和可得性。在此基础上你不曾做过任何一点的调整，女生主动给你发微信，你也就没有任何原则性地继续陪女生聊天。你知道，会让女生给你一个什么样的定义吗？定义是：这个男的，真的毫无吸引力毫无挑战力而且也太好勾搭了吧！

男生们，在你们和女生相处的过程中，一定要牢记一点，那就是，不要被女生牵着鼻子走，更加不要因为女生一点点的情绪波动或者言语就开始慌张想对策，你并不是她养的宠物，并不需要看她的脸色才能生存下去。你是一个男生，一个可以吸引她的男生，一个可以带领她的男生，你要做的，是主动打破你们之间这种备胎的相处模式，要学会拒绝她，要学会引导女生为你投资，更要学会不因为她的一举一动就惊慌失措，而应该引导女生因为你而产生情绪上的波动，比如说失望、惊喜、难过、开心、期待。

你的突破口，也就仅仅是提升自己的自身吸引力、学会如何维持自己的框架、引导女生为你投资，当你做到了这三点，才能摆脱备胎身份，真正开始吸引这个女生。

案例二：我是不是备胎？

问：老师你好，我跟一个女生是一起进一家事业单位的，一块培训，刚开始对她有点好感，后来我们就经常在一起玩，晚上打电话到深夜，后来她主动吻了我，但是我让她当我女朋友她就是不答应，其间因为这个闹了好几次别扭。我对她非常好，她自己也说我对她好，其间有男生追她，后来就开始不跟我好好说话，我问她是不是答应那个男生了，她也说没有，之后好多朋友、同事一直撮合我俩，她也不反感。我们也经常在一起锻炼，但是约她出去玩她很少出来，她说她不知道对我是什么感觉，但拒绝不了我对她的好，我也知道她跟其他男生也有互动，但也不答应他们，我们俩几乎什么都做了，最后那步她说不行，我也就没强迫她，我想问问老师她是不是把我当备胎啦？

答：“她说她不知道对我是什么感觉，但拒绝不了我对她的好”，这大概是我今年听过的最好的备胎言论了，真是恬不知耻！这句话翻译过来就是：“你要一直对我好哇，我喜欢你一直对我好，但是我不喜欢你，你要是一直对我好的话，我可能会答应和你在一起哦。”所以，明白了吗？每次看到一门心思对女生好，一个劲当备胎的男生我都会感叹：你们男生真好骗啊。

其实，你也不算是备胎，你只是在吸引女生和升级关系的阶段操作出现连续失误，把自己从一个有吸引力的男生定位成了“备胎”。

“后来她主动吻了我，但是我让她当我女朋友就是不答应，其间因为这个闹了好几次别扭”，也是非常搞笑的，有时候啊，你们男生比女生更在乎名分上的东西，难不成她点头答应做你女朋友了就会多爱你一些吗？并不会。

所以，何必让一段感情从名分开始呢？如果女生愿意主动地和你进行肢体上的亲密接触，那么你要做的不是要求女生给你一个名分，而是抓住机会去升级你们之间的亲密度，增加你们情感上的联系感。在女生的世界里，你抱着她聊聊天比追着她让她做你女朋友要有情调得多。

再就是，不要管那些她的追求者，你管得太多显得自己胆小不自信还大男子主义，你要做的是关注你们两个人之间的关系、关注如何进一步升级你们之间的关系，别的人根本不重要。

最后你们能够一起健身但是约会约不出来，那么你不如考虑把健身当作一个约会吧，反正约会的目的是了解彼此、升级两个人之间的关系。再说，如果你邀约一直不成功，你需要考虑的问题是：首先，是不是邀约的方式不对，再就是，在你如此高需求感的时候，真的很难邀约成功的。

案例三：不被承认的男友

问：老师，我最近谈一个女朋友，她一直在我跟前说追她的男生特别多，老是给我一副她很抢手的感觉！而我也明白她应该是通过这种方法来强调她的不可得性，而我每次都是调侃而过，从来没有生气！并且我和她也做不下五次不可描述的事情了！前几天她去拍艺术写真，捎带着拍了婚纱照，其间工作人员说也可以拍情侣的，于是她说我们也拍情侣艺术照吧，我接受了！但是，当她把艺术照发朋友圈的时候她就说瞬间有好多人评论，还有好多人很生气地打电话问她是不是准备结婚了，而她把这些过程都告诉了我，她还说有人问她是不是有男朋友了，她也不承认有！而我毫不留情地说那些打电话问你的人都是屌丝，给我女朋友心里种了一个给她打电话的喜欢她的人都是屌丝的锚！我要问的是：1. 她一直说喜欢她的人多是什么意思？ 2. 她在别人面前不承认我是她男朋友又是什么意思？

答：1.　她一直说喜欢她的人多是什么意思？

一个女生会不断地与多位男生保持着暧昧的关系，无非出于以下几种心理：

（1）缺爱、缺自信。她在一个缺少关爱的环境下长大，自身的内在素养又不足以支撑她的自信，为了向其他人证明自己值得被爱，所以会需要非常多的男性表达出对于她的爱慕来满足自己对于“爱”的渴求。

（2）虚荣。在一些女生眼里，被非常多男生追求和爱慕是一件值得炫耀的事情，可以满足她们的需求感，她们像花蝴蝶一样穿梭在各种男生之间，引诱和挑逗着各种男生，从而满足自己的虚荣心。

（3）预选，营造稀缺性。向自己喜欢的男生证明自己的稀缺性，从而提升自己在男生心里的价值。

（4）可选择性。总是需要有一些多的选择，才能够保证最终能够从中挑出一个更加优质的男士，大概就是骑驴找马的意思。

当然还有很多其他各方面的原因，但是大部分非工作需要还和多位男生保持暧昧关系的女生，大多是出于以上四个原因中的一个或者多个。

2. 她在别人面前不承认你是她男朋友是什么意思?

（1）参见上述“可选择性”。

（2）你比较拿不出手，她虽然喜欢你，但是觉得你有点“上不了台面”，可能是你自身建设或者其他方面不合格。

（3）你只是一个备胎，她还有正牌男朋友。

（4）你们在一起的时间不是特别长，暂时不想太过于高调地公开，有些女生处理自己感情会比较谨慎，不喜欢高调和炫耀，所以会等到两个人关系稳定了之后再宣布。

女生不愿意公开和承认可能有各方面的原因，需要根据你们两个人的性格以及所处的环境来具体分析，不能直接下定义。

案例四：女神和我的故事

问：我记得有一天我的女神感冒了，我殷勤地去给她送药。我站在宿舍楼底下等了一个小时，等她下来拿我的药，那时候冬天寒风刺骨，我就这样冒着严寒等一个多小时后，女神发微信说找不到袜子穿，不想下去了，我说求求你下来吧，让我看一眼你也是好的。女神回复："我要睡了，滚吧！" 为什么我付出了这么多她却这么冷淡？导师们帮帮我吧！

答：对不起，我帮不了你，帮不了那个把女生当作神的你，帮不了那个只会对女生献殷勤的你，帮不了那个在寒冬中瑟瑟发抖的你，帮不了那个没有尊严的你，没有人能帮你，除了你自己。

女神和备胎之间根本没有平等可言，你要是一个事事恳求女神垂怜的小屌丝，那么你活该被女神送一个字：滚。如果一个女生被你奉为女神，那么作为凡人的你，怎么可能配得上你的神呢？所以，这一切不公平的待遇，都是你自己自找的，你活该。

你是条狗吗？她是肉骨头吗？你要这样作贱你自己？那个女生到底是有多好？好到值得你为她像一条看到肉骨头的狗一样，摇着尾巴可怜巴巴地跑过去求抱抱？没有女生会喜欢这样的男生，现实的世界也不会上演这样一部你痴心一片最终感动女神抱得美人归的戏码，没可能。而且，在以后的相处中，你付出的越多，女生就会对你越不在乎，你根本连女生的一个备胎都配不上。

现在，你明白了吗？还想要继续吗？

在感情的世界里面，没有平等而言，爱情不是数学公式，不是等价交换，不是你付出了 1 就会收获 1，往往现实是你付出了 10 收获了 0。和你以前那些卑微的戏码说再见吧，女生不会因为你为她辛苦付出而感动，她喜欢的也不是这样的一个没有尊严的男生。何况，你上演的这些戏码，除了感动了你自己，什么也感动不了。

爱情，是自己给自己的，你有多爱惜你自己，其他人才会有多爱惜你，把你为女生付出的时间来为自己投资，时光才不会辜负你。

关于相亲的案例

案例一：相亲后约会难

问：我和她是上个月相亲认识的，我感觉她还不错想跟她在一起，“五一”的时候约出来玩过一次，她带着小侄子所以玩得不是很尽兴。因为我在外面工作，她在家上班，见面不是很多。我就想约她和家人一起去我家玩，她不答应说我们才见几次面都不了解我。然后我休假的时候就去她家找她出去玩，可是她老是不答应说：去哪里玩啊，都没什么好玩的地方，我说了一些家附近旅游的地方，她说都去过了没什么意思。我问她你不是说我们不了解吗，不约出去玩玩怎么能了解对方，在你家有父母我没什么跟你说的。在她家她老是玩手机对我躲躲藏藏。让她出来老说不想去，没好玩的地方。我家让说媒的问她家是不是对我有什么意见，他们回复没什么意见，让我多去找她玩。请问我该怎么办，约不出来，也不拒绝我。我真的好烦，也不想去她家，好尴尬。我内向，不是很会聊天。请帮帮我！谢谢！

答：先来说你的问题，第一，你自己不想去女生家里，觉得好尴尬，凭什么就能向女生提要求让她和家人到你家玩？“己所不欲，勿施于人”的道理不懂吗？小时候老师没教吗？女生拒绝你，难道不应该吗？

第二，你们认识才一个月，连联系感都没有，都想着约女生和你一起出去玩，你想得倒美，没有一个好的吸引女生的约会选项，还怪女生拒绝你？再来说旅游，在完全没有吸引力的情况下，谁会和一个相亲认识才一个月的男生单独出去玩啊？！

第三，了解对方的方式有很多，比如说微博、微信的展示面、日常聊天等，怎么就需要和你出来约会出去玩才能够彼此了解？一个正确的交往流程应该是：彼此认识—建立联系感与熟悉感—约会—升级关系，你完全弄反了顺序，难怪女生会拒绝你。

第四，她带着小侄子所以玩得不开心，典型的自利型人格，当你把她的家人当作障碍的时候，你就已经把她推远了。如果约会中她带了家人，你要做的，不是只顾着你们玩得开心，更重要的是：你能否照顾好她的家人。

你想要谈恋爱，又耐心不足够；找不到方法，又不愿意花心思。谈恋爱哪里有那么简单，又不是去菜市场买菜，问价给钱就能成交的。

案例二：相亲后聊天差

问：最近家里给我相了一个，我俩同村一起长大还是同学，以前基本没联系。聊了有四天了，感觉和她聊天好累，每次都是我找话题，本来我就没谈过恋爱没什么经验，她这样爱理不理的我该怎么办？

答：不喜欢就不要勉强了好吗？你的描述里面，我感受不到任何一点点爱情，我只能感受到你的急切，你缺的，是女生，不是爱情。

“以前是同学，同村一起长大，家里给你相了一个，聊了四天了，感觉好累”，这些描述里面，没有一个词，表达了你对女生的喜欢，更没有女生对你的喜欢，你似乎在完成家里的安排，完成世俗加给你的“结婚生子、传宗接代”的任务。可是，没有爱情的两个人，被人硬凑在一起，你都不曾想着先沟通了解，只急切想着恋爱和上床，当然会累。

首先，你得是喜欢她的，起码也得是有好感的，才能继续接下来的行为，不然你硬聊到底是为了什么？

接下来就是，如何从熟人的尴尬升级到情侣之间暧昧的氛围，进而升级两个人之间的关系了。

在两人同学且同村的情况下，持续在网络上干聊意义不大，直接约出来见面，你才能直观地认识了解她，她也能直观地了解你，两个人在现实生活中见面了解比在网络上聊要实用有效得多。

再就是如何吸引的问题了，如何吸引一个女生，比如说风趣幽默，比如说预选，比如说好的生活模式，如果这些你都没有，那么静下来，慢慢学习提升自己吧。

关于聊天很累的问题，如果你觉得聊天很累，那就不要聊，停下来，做自己的事，等自己状态好了，等你遇到有趣的事情了，再和女生聊。如果一直硬聊，其实是在透支女生的社交耐心。

最后，要补充一点，爱情没有办法将就，如果不是真心喜欢，不要让自己这么辛苦，也请对自己的感情负责。

案例三：相亲，她是真心吗

问：我们是今年相亲的时候认识的，刚开始我也没太在意她，后来又见了一面，感觉这女的还可以，就决定去追求她，前天我给她买了个白金钻戒，买完又有点后悔了，也不敢和家里人说，当时我看见她感动得掉泪了，我知道感动并不代表爱情。今天情人节我给她买了一束花，带她去吃了点饭，到公园里转了转，然后把她送回了家，中间她跟我说她的结婚条件，问我是否拿得起，我犹豫了。她还说，给她说对象的条件好的人很多，一直和我交流的原因让我猜，我第一个说我对她好，第二个是她自己说我家庭还可以，我现在很迷茫，不知道她是不是真心想和我好，希望得到您的帮助，谢谢。

答：你提的问题是："我不知道她是不是真心想和我好？"那我问你，你是不是真心想要和她好呢？你仔细想想这个问题。

"你们是相亲认识的，起先没在意，后来感觉'这女的'还可以，准备追她之后，给她买了一个白金钻戒，买完就后悔了，也不敢和家里说"，你的这个行为，可以看出来，你在处理感情方面，非常容易冲动且没有足够的能力为自己的行为负责，说白了，就是一个在感情里面过度依赖他人，且不够成熟的男生。

首先，不要试图在相亲活动里面找真爱，大部分的相亲活动，包括你和这个女生的相处，从一开始，你们之间就是在找合适的人结婚，既然目的明确，你要考虑的，就是适不适合的问题，你就必要接受女生带着条件和门槛的需求和你相处。

如果，你试图通过相亲这样的方式认识更多的女生，从而找到喜欢的女生，那么，你一开始和女生相处的方式，就是错误的，你不该买钻戒，不该谈婚论嫁。你告诉我，做数学题，如果从一开始就用错了公式，还有多大概率得到正确答案？

所以，明白了吗？

真爱哪里有那么容易到来，哪怕你找到了性格默契、三观契合、家世匹配的那个人，她也不一定会爱你，你也不一定会爱她。不要给爱情加上太多世俗的要求，否则，你只能证明，你既不懂得爱自己，又不懂得爱别人。

关于如何相处的案例

案例一：送花之后变冷淡

问：我遇到的这个问题估计很多男性朋友都遇到过，所以想替我自己和大家问问接下来是继续还是放弃。我喜欢一个关系特别好的女生，无话不说，随时约都可以约出来，关系比较亲密，个人还觉得有点小暧昧，这种情况下在今年的情人节我送了花。之后所有的一切都改变了，我虽然没有明确地表白，但是之后再找她的时候就能很明显感觉到我们之间的变化，她的不耐烦，她的躲避和敷衍，不再是以前那样无话不谈。我现在也很少联系她，如果我想继续追求她，要怎样做才能挽回她?

答：所以说心急吃不了热豆腐嘛，虽然我一次又一次地强调：不要告白也不要做类似告白的行为，不然你就是在逼女生离开你，但是总是有无数的男生们前赴后继地去尝试，试图证明自己和其他人不一样，自己不会被拒绝，最后得到的结果无非也就是：

1. 我们还是做朋友吧；
2. 我现在不想谈恋爱；
3. 我们并不合适；
4. 女生什么回复都没有，或者直接拉黑。

除了“告白”这个错误，你还有一点做得也非常不好，就是在和女生相处的过程中没有掌握两个人关系的节奏，女生在初期给了你很好的互动和反馈，但是你没有足够的自信，也没能在约会中创造合适的机会去升级关系，更加没有在女生给出很好互动的时候去加深两个人之间的联系感和舒适度，从而导致“告白”这个行为的发生。

当然，这个问题是非常多新手会遇到的，对自己没有自信、不懂得及时升级、没有掌握关系升级的节奏，要解决这个问题，最好的方法是：

首先，持续的自身建设是吸引女生的不二法门，你之所以这样慌张急切，是出于对自己的不自信以及对女生缺乏吸引力，要解决这个，得从根源上找方法，那就是自信，当你足够自信，你便不需要再通过告白来确定女生的心意。

其次，你没有选择，所以这个女生才会对你如此重要，所以你在和女生相处的过程中才会屡屡出错，想要和喜欢的女生相处得更加得心应手，你就必须要经过多次尝试。（当然，这个多次尝试并不是指你要成为一个滥情的花花公子，而是指你应该多去认识不同的女生，多和不同的女生相处）

最后想和你说的是，你目前累积下来的形象，用之前的方法继续“追求”只能是死路一条，挽回的话，首先就得要学会抽离这段感情，在抽离的过程中去升级自己，改变自己的形象，提升自己的魅力，这样才能做到对女生的二次吸引，也就是你所谓的“挽回”。

案例二：什么样的相处才叫约会

问：老师你好。我两周前在学校认识了一个女生，还加了她的微信。我们聊得还不错，她对我的反应还挺好的。上周六，我们还一起去了图书馆学习。完事后，我就说带她去一个地方，然后就带她去了附近一家蛋糕店。她从刚进咖啡店开始，虽然我们还是聊得很开心，还让我帮她拍照什么的，但她好像看出了我在和她约会，不让我给她付蛋糕钱，其间还问我是不是谈了很多次恋爱，看我这么成熟（其实我没谈过恋爱）。之后我就把她送回家，途中她主动跟我聊学校各种男女朋友这些话题，反应还是积极的。回到家后，我给她发微信说今天和她玩得很开心，但她立马说不不不，我们是去学习的……感觉好像她在澄清她只是和我去学习的并不是约会的。之后的日子她好像慢慢对我开始冷淡了。请问我应该怎么办以及那个女生对我是什么感觉?

答: 女生想要和你撇清楚关系只会由于一个原因：你暴露了过多的需求感，所以女生想要用撇清关系的方法来拉开和你之间的距离。

关于女生对你什么感觉的问题。在你的描述里，我明显就能看出来，女生对你的感觉还只是比较熟悉的朋友，而你的行为已经升级到了亲密约会，所以会让女生产生抗拒的情绪，从而开始逃避，并且对你产生不信任。简单来说，就是你的需求感超过了你的吸引力，而你的行为又超过了你们目前的关系，这个是非常错误的。

关于你怎么办的问题，你现在要做的是：想办法降低自己的需求感和女生对你的防备心、增加两个人之间的联系感，可行的方法是:

一、减少对女生的回应，少约她，少见她，少主动联系她，在日常的沟通中，如果女生反馈好可以多聊，如果反馈不好，直接离场;

二、建设自己的生活，把更多的时间用在自己身上，多出去认识不同的人，参加更多有意思的活动；

三、打造一个好的展示面，你参加有意思的活动的时候，可以把这些生活同步到朋友圈，这就是非常好的展示面了；

四、善于使用预选，这个是非必要选项，如果你不会使用预选，那么与其变成一个花花公子，还不如维持目前的形象。

案例三：网上“在一起”

问：女生好像对我的感觉差了。最近我撩了个女生，在微信上确认关系，我让她每天叫我起床，她也很愿意，但是时间久了，好像很不耐烦，连语音也不发了，改为文字。我平时用任何话题调情，也跟她谈着人生，但是她回应好像不怎么好，而且对吃喝玩乐还有生活趣事不怎么感兴趣，调情反应时好时坏。而且我不断跟她展现高价值，在假期不无所事事，帮助家人做家务，我不敢对她说自己悲伤的那一面，因为怕被说是负能量。如今她说我好像在骗她，因为我给她的承诺要见面才能实现啊。你说我该怎么办？

答：敲黑板、划重点，升级关系两大重灾区：一、告白；二、微信上升级确认关系。这两个重灾区，我说过很多次，但还是不断地有人以身试险想要证明自己不一样。

你们还小啊，读小学吗？还玩网恋？在没有见过面或者说现实生活中没有肢体接触的前提下就升级关系，在绝大多数情况下最后的结果只能是：关系崩盘。因为没有现实生活中的接触与升级，就在微信上确认关系还不能马上见面，导致的一个结果就是女生缺乏安全感与信任度，潜意识里会觉得对方对待这份感情并不是特别认真，而且女生也很难真正投入到这份感情中去，一段不信任不投入的感情，势必会出问题。

再就是，你不断地向女生展示高价值，这是你的说法，其实在女生眼里就是：装 ×，又装 ×。其实在相处的过程中，向对方展示自己的脆弱悲伤有什么不可以？难不成一定是完美无缺的、永远积极乐观的人才值得被爱吗？如果你在女生面前连真实的自己都没办法做，你们要怎么相处？她又可以喜欢你什么？

最后，女生不是对吃喝玩乐还有生活趣事不怎么感兴趣，而是对于你不感兴趣，或者说对你的表达方式不感兴趣。你们的相处模式是，你一天到晚和她装 ×，展示高价值，然后每天找她说话分享你的生活，用一些尴尬得要死的方式生硬地和女生调情，我想换做任何一个女生都不会喜欢也没有办法给你一个很好的反馈的。

如果你真的喜欢她，别再把自己装成一个高高在上完美无缺的人，高价值展示和优质生活展示，并不需要用嘴巴说出来。对待喜欢的女生，你在没见面的时候说一万句调情的话都比不过想办法见一面然后牵着她的手给她买一个冰激凌来得实在，如果现在没有办法见面，就不要过早地表达你的感情。

案例四：有原则和自以为是

问：我本来也是一个很独立、有自己原则的人，刚好喜欢的人也很有原则，说我自以为是不跟她商讨，在感情的世界里必须她是主导地位，这个怎么解决，我不想跪舔啊！

答：“有原则有框架”和“自以为是”不是同一件事。很多男生深受大男子主义思想的毒害，自以为什么事情都直接替女生做决定就是懂得带领女生，就是拥有框架了，但是，小妖想说的是，并不是！

“今天中午去吃什么呀？”这个叫作没有主见，不懂得带领女生。

“今天晚上我们去吃寿司，我在 ×× 店等你。”这个叫作自以为是。

“附近新开了一家寿司店，咱们晚上去吃寿司吧，最近能吃生冷的东西吗？”这个才叫作会带领女生有框架。

如果还没懂，那么我这么说吧，与其不断因为争夺主导权而发生争吵，你不如尝试这样的沟通方式："亲爱哒，今天晚上吃寿司还是广东菜，你来做决定吧！"这样的方式，看似把主导权和决定权交给了女生，但是其实，这不过是让女生按照你给的框架来进行选择罢了，你会觉得这个是跪舔吗？

在绝大部分的情况下，作为一个女生，是不希望和男生争夺"主导权"的，女生希望被带领，只是有时候男生的自以为是让女生觉得不被尊重，所以会争一争罢了。何况，从来就没有所谓的争夺主导权这样的问题，只是你自己不懂得和女生正确的相处方式罢了。

关于挽回的案例

案例一：说不出爱的新感情

问：安老师，您好！她分手后两个月，我们 2016 年末相识，2017 年情人节那天她答应做我女朋友。第一次提分手是 3 月 5 号，原因是感觉状态不对，走不进新感情，压抑，不喜欢这种感觉。和我第一次见面就会想起以前的事，回忆的时候心疼，想哭，觉得是一种背叛，对不起她还是想只做朋友。第二天，我找到她，她同意继续处了。第二次提分手是 3 月 16 号。她觉得她是因为我对她好而喜欢我，不见面会想，见了会很开心。可是又觉得不能完全投入，找不到恋爱的感觉。答应做我女朋友后，很情绪化。收礼物觉得愧疚，欠我很多似的。平时故意和我亲近，但是自己心里排斥，觉得压抑，不想处了。她觉得自己心里有病，总想着找个大海跳进去，死了算了。如果想通了会来找我，直接把我扑倒。三天后，来找我了，然后该发生的都发生了。4 月中旬给我买了一双鞋。本来说好了“五一”见家长，然后她说时间越近越心慌。觉得说不出口爱我，说不出口喜欢我。第三次提分手是 4 月 21 日。微信把我删了。我想挽回她！

答：女生目前的状态应该是觉得你还不错，想要和你继续下去，但是你们相处过程存在一些问题，导致她没有办法投入这一段新的感情，而你的处理方式其实都是哄和拖，希望时间能改变她的想法和态度，导致你们之间的关系越来越畸形，最终只能分手。

首先我来说你们相处过程中存在的问题：

一、她应该是一个比较一根筋的女生，所以在她分手之后你很快地进入她的生活并且和她开始恋爱，她会有一种自我负罪感，觉得自己这么快速地进入一段新的恋爱，自己是不是特别容易被人“搞到手”、自己是不是一个很随便的女生。而你也并没有很好地去开导女生，减轻女生的负疚感，所以女生会越来越焦虑。

二、在相处过程中你应该也给了她很大的压力，导致她对于这段感情产生一种“无力”的感觉，比如说和她规划未来、送礼、见家长之类的，你给我一种你对这段感情用力过猛的感觉，特别担心女生离开你，所以想要用尽一切办法把她捆在身边，女生在感情里本身就会比较谨慎，而你的用力过猛就直接让女生产生逃避的想法。

如果你想要挽回她，就得要退一步，回到朋友的关系，重新开始这一段关系，这个才是你目前能够选择的一个最好的方式。

你现在可以加回女生的微信，告诉她：“我想和你重新认识下，从朋友开始。”她是一个很容易心软的女生，只要你有诚意，她一定会同意。然后在这一段的相处中，先建立信任感，让女生开始信任你，然后以朋友的身份而不是追求者或者男朋友的身份进入女生的生活，和她建立联系感和亲密度，逐步让她习惯你在她身边，当联系感、信任度以及亲密度到一定程度后你就可以再次升级你们之间的关系了。

你要记住，你们之间的问题不是前任的问题，而是你们之间关系相处的问题，你们缺少的是沟通、理解和信任，解决这些问题才是挽回你们关系的关键。

案例二：假性分手的“考验”

问：我和她是相亲认识的，聊了两个月约出来什么都做了包括亲密，后来她去了另一个城市，刚开始聊得挺好，后来她说我们两个不合适把我删了，两天以后我微信又把她加上，她说把我删了是考验我，那两天我没理她让她很伤心。就是假性分手但我没看出来，我现在想挽回，我是想和她结婚的。

答：认识才几个月就想要和她结婚，你对自己的婚姻是不是太过于草率了点？当然，我并不对你的婚姻决定做任何干涉，只是我在给你建议之前想和你确定下，如果你想要结婚，那么你是如何考虑异地这个问题的？

首先，我们来说说女生，在你看来她是“无缘无故”说你们不合适然后把你删了，然后她说删了你是为了考验你？我不去评价做这个决定的人的性格有没有问题，我们单聊聊她的这个行为，有毛病啊！是多么没有存在感才会用删掉对方微信这样的方式来考验感情，她能做出这样的行为，要么是缺乏关注，要么就是真的不懂得珍惜你们的感情，她也并不知道这样的行为是对感情不负责任，所以，我想告诉你，站在一个分析师的角度，我觉得她并不具备一个成熟独立的人格去承担婚姻的责任，换句话说，如果你的目的是结婚，那么她现在并不是一个很好的结婚对象。

其次，再来说你，她把你删掉之后，这两天你在干吗？是在考虑是要继续相处还是值不值得把她加回来？不论出于什么原因，就选择上来说，延迟几天把她加回来这个行为是没有错的，因为你要让女生明白，她如果把你删掉，她是要承担以后你们就是陌路人这个结果的。所以，你也没必要道歉，她的考验毫无道理也没有意义。

其实你们之间并没有什么好挽回的，你在保持自己价值和态度的同时，需要告诉她："我很珍惜和你在一起的时间，也有考虑过我们之间的未来，我希望你能尊重我们之间的感情，你把我微信删掉的这个行为，让我非常难过，我很害怕之后我们之间会不断上演这样的剧情，希望你能够慎重考虑。"我也希望每一个看到的男生，都能够保持一个这样的框架，不然，即便是你已经挽回了，不出三个月，这样的剧情一定会重演。

如果你一定要我给你一个挽回方案的话，首先你得有一个明确的规划，如何去解决异地的问题；其次就是，要让女生明白，删掉微信这样的行为是触犯你的底线的，不能原谅；最后就是找个机会见面，建立亲密关系也就是挽回，在操作过程中，你一定要记住，持续地自身建设、保持自身框架以及不要轻易道歉。

案例三："婆媳"不和？

问：跟女朋友交往一年，现在已经有四个月处在分手状态，原因是我妈和她不和，而且她父亲也不同意，因为我是离异家庭。我放不下她，她也总给我放不下的暗示。感情还算可以，只是她并不是很认真，是那种喜欢攀比、喜欢社交的女生。不喜欢我管她，不喜欢告诉我她在干吗、跟谁在一起。我家里条件一般，有点小买卖，现在家里准备帮我贷款买房子，我女朋友她爸对于贷款买房也不认同。想各位给我出出主意，不想分手，怎么样才能继续这段感情，或者怎么协调双方以及父母的矛盾。

答：一个没有生理和心理缺陷的男生，在自己的婚姻里遭遇到了双方家庭的反对，特别是自己的母亲和女生不和，这件事，根源在于男生，不在于你们两个人的感情不坚定。

也许，我这么说，很多男生会不以为意，但是，真相就是：男生的母亲对女生的不满，绝大部分来自这个男生对女生的不满，在你的描述里面已经讲过了：感觉她并不认真，是那种喜欢攀比、喜欢社交的女生。矛盾的另一个原因就是男生在自己的家里处于被领导和被支配的地位，男生在家里没有话语权、弱势，那么矛盾自然就转嫁到女朋友和母亲身上了。

我都能猜想到你们之间的对话：

男生：我妈妈不太喜欢你总是在外面乱玩，她喜欢居家一点的女生。

女生：我也是爸爸妈妈养大的，到底哪里做得不好，要承受这样的指责。

男生：我妈妈辛辛苦苦把我养大，你对她尊重点，我希望你好好孝顺她。

即便不是这样，也差不了多少。

你记住，女生是喜欢社交，不是喜欢乱交，你没资格站在道德的层面上去批判她。

你记住，这是你的感情，不是你妈妈的，要和你结婚一起度过余生的是你老婆，不是你妈妈。

你记住，是你的软弱无为造就了你女朋友和母亲关系的恶劣，别怪在女生身上。

你记住，你的母亲是拿来孝顺和尊敬的，不要什么事情都让你母亲帮你做决定。

你要是一个男生，就好好告诉你妈妈，我喜欢她，我爱她，我要娶她，我相信下半生和她在一起很幸福，请你祝福我们。

去告诉女生的家里人，我很爱她，我会努力，会爱惜她，给她好的生活，不仅要说，还请用行动去证明。

去解决女生的顾虑，女生的虚荣也好、攀比也好，如果是真的严重，那么好好聊，好好沟通，你觉得女生对感情不认真，然而，我也没有看到你对这段感情有多认真。

案例四：十天就分手了，怎么挽回

问：我们相亲认识的，她在异地工作，我们相处的时间挺短的，加起来只有四天吧。她在家的时候和我一起玩了两天，我到她上班的城市去玩了两天，我们都相处得挺愉快的，其他时间都是打电话度过的，打了差不多有三个月的电话，每次只有我打给她，有一次我去看她，她也答应了做我女朋友的，我回来不到十天就分手了，她第一次谈恋爱，后来她主动祝福我生日快乐，于是我又表白一次，她拒绝了我，说做朋友比较自在点，之后有几次还找我主动聊天。我想到她工作的城市去陪伴她。请问老师我还有追回她的机会吗？这种概率有多大？我这人比较腼腆，能教教我怎么做吗？

答：首先，你没有追回她的机会，因为你从来没得到她。

其次，你反复地告白，原本就已经把女生对你仅有的那点好感消耗光了。

你现在需要做的事情是重新建立自己的爱情观，你要明白的是，女生从来不是追来的，也不是靠告白来的，不要女生稍稍和你建立一点点联系感，你就没有逻辑地联想到她是在给你机会，然后脑子一热就告白。这种行为，除了让女生觉得你需求感强烈、生活无聊，没有任何的好处。

你现在可以做的事情是，和女生建立联系感，先建立联系感，才能开始吸引女生，这是最重要的。

接下来，就是吸引，女生初次谈恋爱，有一句话是这样的：如果她涉世未深，你就带她看遍世间繁华；如果她心已沧桑，就带她去坐旋转木马。如果女生真的和你说的一样从来没有谈过恋爱，那么你就要给她不一样的体验，带她去玩好玩的，吃好吃的，让她感受你精彩的生活，自然就可以吸引她了。

再就是升级关系。在你建立联系感并对女生产生吸引之后，就可以开始逐步升级关系，牵手、拥抱、接吻。

接下来，你要解决的是，异地问题，异地恋想要成功的几个要素前面已经讲过了，如果你为了女生去了一个陌生的城市，你会对女生有更多的期待，那么在感情上的付出就会更多；如果你让女生来你的城市，那么女生会面临和你同样的问题。你需要好好考虑如何去选择，一旦做出选择，就需要为这个选择负责，选择是自己做的，不要把这个付出和成本加到女生身上，更不要因此对女生提出更多的要求，这些都是不成熟的表现。

关于爱情中有三个人的案例

案例一：很适合和有感觉如何取舍

问：当一个条件不错的女生跟我说“我不管你怎么想，我只想要结果”的时候，我考虑了下就欣然接受了，毕竟我喜欢的那个女生态度不太明确。但是时间过去刚半个月，由于接触多了，让我心动的女生开始喜欢靠着我坐，喜欢抱着我的胳膊。我真的一时间都炸掉了，我不想做渣男啊，一边是几年来最让我有感觉的女生，一边是已经在一起的女朋友，很难抉择，而且我们都是一个单位的，再不做点什么，会出事的。骂我一顿也好，应该早点做决定的。

答：你想要的根本不是什么建议，而是我们给你一个负心的好理由，然后你就可以毫无顾忌地离开一个女生，没有负担地和那个所谓“最有感觉”的女生开始新的生活。你对待感情和恋爱的态度，从来不是认真的，只是抱着一个骑驴找马的心态，觉得既然我喜欢的不喜欢我，那就找个喜欢我的吧，毕竟最近刚刚好缺一个女朋友。

既然你和你女朋友在一起并不是因为彼此喜欢，而仅仅是你的将就，那么， 我能给你的建议也不过是：尽快和你现在的女朋友分手，不要再耽误她了，她值得一个更好的男生。至于说你和你“最有感觉”的女生，如果，这个女生知道你有女朋友，那么就只能祝福你们彼此一定要好好在一起，不要再出去祸害别人了；如果她并不知道你有女朋友，那么，在你分手之后，可以尝试着和女生升级关系，是否能够成功并不保证。

我明白尝鲜是一个男生的本能，那么，你在和这个“这几年来最有感觉的女生”在一起的时候，你同样会面临各种诱惑，那个时候，你又要找一个什么样的理由去分手而开始一段新的感情呢？当你魂牵梦绕的白月光变成衣领上的饭粒，当你心里的那颗朱砂痣变成墙上一抹蚊子血的时候，你是否还能记得你的这一句“几年来最有感觉”。

喜欢是一瞬间的感动和心动，爱是两个人的努力、沟通、改变和妥协，如果你没有爱一个人的能力，那么，不论何时，我都没有办法能帮你。

案例二：她有两个男朋友

问：老师您好，我喜欢上了一个女生，表白的时候才知道名花有主，但她没有拒绝我，反而主动扑到我怀里说喜欢我，跟现在的男友处了四年，更多的时候只是觉得他对她挺好的，说不上爱，更像一种亲情。我们在一起两个月了，他们还没有分手，他经常约她，她也出来，还送过好多礼物，发生过关系，可她除了故意对他冷漠外，还是没有分手，她跟我说他对她那么好，相处四年了，她说分手会内疚，既然觉得对不起他为什么还要答应我呢？她从原来的城市辞职跑到我这个城市来工作，父母在这边，肯定是要长待了，可能正因为他们的异地恋才让我有了机会，我能感觉到她是喜欢我的，可这样下去迟早东窗事发，对谁都不好，我该就此收手吗？

答：嗯，东窗事发这个词用得好。

在给你建议之前，我先来和你分析下这个女生的想法和心态，很明显，她就是在骑驴找马，摆明了就是一个缺爱的女生，随时随地离不开男生，所以在和男朋友异地的情况下就和你勾搭上了，她会因为缺乏安全感和关注而劈腿于你，如果你们在一起了早晚也会因为你给的关注不够而送你一顶绿帽。

她还擅长装清纯无辜，如果她在你表白之后立刻和她原来的男朋友坦白并分手，那也能说她处理感情不拖泥带水，虽然有缺爱之嫌，但好歹也能够承担后果。然而她并没有。所以你现在依旧是一个第三者的身份，她依旧同时在和两个男生交往，美其名曰：会内疚。呵呵，内疚就可以不负责任地继续脚踩两条船？！这还真是一朵清纯无辜的白莲花呢。

虽然你也知道你们之间的关系是有问题的，但是你现在不知道该怎么办，想要继续，又有道德障碍；想要放手，又有点舍不得。你的这个心态其实是很正常的，但是，这样并不能说明你一清二白，你在告白的时候知道她有男朋友了却并没有及时收手，该发生的一切你都让它发生，无非就是觉得：这个女生我喜欢，既然都送上门来了（原文：反而主动扑到我怀里说喜欢我），不睡白不睡。

你现在要做的，是当断则断，既然她“因为内疚”无法做出选择，那么，你就直接和她分开，告诉她你并不能接受自己第三者的身份，也不能接受三个人的感情，如果她爱的是你，自然会选择和她男朋友分开；如果她只是把你当备胎，你的离开也会让她“不再内疚”地和她男朋友在一起了，皆大欢喜，不是吗？

案例三：女朋友的男闺蜜

问：老师你好， 之前有一个女生向我表白 ，我答应了， 可是和我在一起之后她一直和她的男闺蜜保持暧昧关系 ，我们因此总是吵架， 分手了 。后来她在我面前仍会故意做一些和其他男生暧昧的事情， 明知道不可能但是仍幼稚地想复合 ，求助老师该以一个什么样子的心态来面对她。

答：按照你们目前的情况来看，即便是真的有机会复合，根本问题还是没有解决，复合没有意义啊，早晚还是会分手，到头来也只能是伤上加伤，感情支离破碎。

不知道你懂不懂得“预选”这个概念，如果一个男生身边有非常多优质的女生可以选择，那么他一定是一个优质的男生，同理，一个女生，被非常多高价值的男生追求，那么你一定会觉得这个女生也非常高价值。所以，明白了吗，她和男闺蜜保持暧昧关系，可能仅仅是她想要持续保持对你的吸引力，让你持续关注她的一个“手段”而已。你因此大发雷霆、总是因为这个吵架，女生自然会认为你小肚鸡肠、没有自信，从而开始越来越不喜欢你。

当然，女生在有男朋友的情况下，还和别的男生保持暧昧关系，在某种程度上也证明这个女生对你们感情的态度是有问题的，她不害怕失去你，你没有框架，这些都导致她对你们之间的感情不专心。

但是，这些只是你的一面之词，也许女生只是有几个异性朋友，也许她的那个男闺密根本不喜欢女生，这些可能都有，而所谓的“保持暧昧关系”只是你自己的妄想，你没有理由的占有欲让你看不清现实，觉得她和身边的男生都有着不清不楚的关系，这个，是偏执，是病，需要心理治疗。

“明知不可能，但是仍幼稚地想复合”，不知道你说不可能的原因是什么，但是，无论如何，永远不要说不可能，你现在要做的事，就是摆正自己的心态，不要过多地在意女生表现出来的假象，如果你曾经吸引过这个女生，那么你要相信自己，你还可以吸引第二次。

案例四：女朋友的前男友

问：我和她已经确定关系半年，其间有些小备胎不是问题，但是一个月前她前男友联系她，大约他们出去约会了几次，每次都精心打扮，提前找理由安排我做其他事情，并且手机静音，也就是电话、微信都不回应我。其实以前无意中她会提起前任，都挺自豪的样子，大概是男神，富裕，女生对他是一见钟情等，他们在一起也有段挺甜蜜的时光。我这次才感觉是碰见对手了，目前这段关系我是付出和投资比较多的，大约是暖男形象，个人分析她的前男友条件很好，身边也肯定不缺女生，说不定是空窗期吃吃回头草，真爱的可能不大，但是女友对那男的比较上赶子，请教可有应对思路！ 目前前任找她复合，她没有答应也没有拒绝，最近都爱主动和我规划未来生活，打算抚养几个孩子之类的，知道她很矛盾，但是我已经不太会面对这种情况了，盼解答。

答：陈奕迅有一句歌词：得不到的永远在骚动，被偏爱的都有恃无恐。

乐府诗里面有一首《古艳歌》：茕茕白兔，东走西顾。衣不如新，人不如故。

这很好地解释了你的困惑。首先，她不害怕失去你，所以她有恃无恐地伤害你；其次，她的那个前任对于她而言，是心里的一粒朱砂痣，有遗憾，有不舍，而你，应该变成了墙上的一抹蚊子血。

很多时候，一段感情，先是从内部开始出现问题，而一个外因就变成了压死骆驼的最后一根稻草，导致整个关系崩盘。

首先，她应该是毫不害怕会失去你的，在这一段感情里，她一直保持着自己的独立性和高价值，她不害怕失去你，因为她一直有备胎人选，只是备胎人选的价值似乎比不上你，所以一直没有劈腿。其次，她并没有为这段感情投入过多，感情是一件非常不公平的事，往往你投入得越多，对方投入得就越少，她不曾为你付出太多，也不曾为你们的感情投入太多，所以她并不会有多么高的忠诚度。

有一句话是这样的：没有忘不掉的前任，只有不够好的新欢。当然，这里并不是说你需要比那个前任更有钱，而是更加让她心动。如果她和你在一起不曾更加心动和快乐，那么，她忘不掉前任，也无可厚非。

你现在要做的，首先是引导女生为你投资，一个女生可以轻易地离开你，肯定是因为不曾为你投资，如果她为这段感情付出了，就不会轻易放弃。

最后是建立自己的框架，太纵容她，只会让她更加有恃无恐，她肆无忌惮地和前任约会，摆明了就是你的懦弱造成的。

学会引导女生的情绪，如果她和你在一起更开心，你更加懂得调动女生的情绪，她自然没有时间再去撩拨前任。也许有那么一些女生是虚荣的，但是绝大部分的女生要的是爱情不是金钱，不要太轻易地给她下物质的定义，也许，你只是不够有趣。

当然，你也可以选择分手。

案例五：女朋友出轨了怎么办

问：我和女朋友谈了四年，高考我复习了一年，在我复习的一年里，她在学校谈了一个对象被我发现，我很是恼火，天天挑她毛病，她跟我解释说她看见别人都有对象，自己也想找一个人在身边，她一点也不喜欢那个人。我当时听了原谅她了，但是后来我们天天吵架闹分手，每次都是她出来求我复合，每次我都心软，分了两次和了两次，后来就吵架不断，我对她的行为特别敏感，干什么都管她……到了今年她大二了，我们又吵了，这回她和我分手了，我很难受，四年的时间我不甘心，我坐火车去她的学校找她，我说什么也不同意，但是她虽然非常非常关心我，就是不同意复合，那天我们还去开房了，我们说了我们之前的事，都哭得要死，但是她不同意复合，我很想很想复合，她说她现在不想谈恋爱，我想挽回，我该怎么办？

答：你女朋友出轨了，她说想要找个人陪伴她，你就原谅了她？！既然原谅了她，为何又要天天吵架？这明显就是占着茅坑不拉屎的心态，也许你自己感受不到，但是你的行为表现出来就是：我得不到的，别人也别想得到，她和我在一起不开心也无所谓，我就是要惩罚她，天天吵架，我就得让她来哄我，不管怎么样，我爱她，我不能失去她，我不甘心。

拜托，你已经成年了，你要为自己的行为负责了，你也不是皇帝，没有人有义务围着你转，把你当作唯一。即便是你现在挽回成功，不出一个月，你们就又会开始吵架，闹别扭，然后分手，因为你没有丝毫的成长和改变，再给你一百次的机会，你依旧会搞砸。

首先，你的女朋友有了别的男朋友，你当然可以选择原谅，这是你自己的决定，但是，你一旦选择了原谅，就需要对这件事绝口不提，就像翻书一样，翻过去了，就过了，如果一再因为这个吵架，那么你当初原谅的意义在哪里，只是因为自己的不甘心吗？

其次，“我对她的行为特别敏感，干什么都管她”，这说明你是一个乏味、没有自己生活的人，要么就是不够自信，这样的行为会直接导致你们两个人关系的不和谐，女生会感觉很辛苦。

最后，幼稚的行为。对于感情而言，你是不成熟的，我希望你能够先培养自己独立的人格，能够为自己的行为负责之后，再考虑谈恋爱的事情。

形象永远走在能力前面

你的长相气质、举止打扮都会给对方留下难以改变、
先入为主的主观印象，
其次，才是你的性格、能力以及处世。

附录

大家都知道第一印象是非常重要的，你的长相气质、举止打扮都会给对方留下难以改变、先入为主的主观印象，其次，才是你的性格、能力以及处世。“形象永远走在能力前面。”这是著名主持人杨澜讲过的一句话。着装讲究的人，女生觉得他审美高超；身材有型的人，女生会觉得他自律又积极。

现如今，外形早已经是一种竞争力了，想找一份好工作，面试、婚恋，都离不开外表。“没有人有义务，必须通过连你自己都毫不在意的邋遢外表，去发现你优秀的内在。”说的就是这个意思，所以外形建设是自我提升里不可或缺的一部分。

这章我们就从皮肤、发型、身材、体味、穿搭、空间整理这六个方面来讲讲男性的外形建设。

皮肤管理：
让颜值成为你的加分项

男神打造的第一步是外形，而除了穿衣和身材之外，最重要的就是：脸。今天我们就重点来分析几个男生常见的肌肤问题，根据不同的问题及症状，对号入座，找准解决对策，让颜值成为你的加分项。

问题一 | 毛孔粗大，油光闪亮

症状：

面部、鼻头有清晰可见的毛孔，有时候还会有明显的黑头。尤其是炎炎夏日里，脸上开始大量分泌油脂，在空气污染严重的现在，出门就容易沾染灰尘，给人灰头土脸的感觉。

对策：

控油，但不盲目控油，选择弱酸性清洁产品和清爽无油脂的保湿类产品。同时建议常随身携带保湿喷雾或专业柔湿巾，在感觉自己油光满面的时候，取出一张轻轻擦净皮肤，就可以帮助控油和保湿。

（1）洁面（洗面奶、洗面皂、洁面幕斯、洁面凝胶等）

老生常谈的一句话，洗干净脸了，护肤就完成一大半了。洗脸最重要的是选对清洁产品，遵循一个原则：清洁干净，洗完不干涩、不紧绷。换句话说，就是让自己脸上舒服就行了。

Tips:

1. 含有颗粒的洗面奶是不能用的。

有颗粒的洗面奶对皮肤其实是有很大的伤害的，毛孔也容易被越洗越大，长期洗下来，可能会让你的皮肤越来越粗糙。

2. 洗面奶要先在手上打出泡沫，再用泡沫在脸上做清洁。

切忌直接将洗面奶往脸上涂，会对皮肤造成刺激，搞不好还会引起痘痘、粉刺等问题，如果你是懒癌晚期患者，使用能直接打出泡沫的洁面慕斯就好了。

3. 一般情况下，一天洗两次脸就够了。

但如果出汗较多，油脂分泌严重，尤其是T区位置，中午可以再洗一次，这已经是极限了，切忌一天洗太多次，过度清洁可能变成敏感肌。

说明：T区指的是额头和鼻子，那里容易出油（特别是额头和鼻子两翼），而且形状很像大写的T，所以叫T区。其实T区部位有一定的油光是非常正常的，这原本就是化妆时需要打高光的部位。而且，皮肤的油脂分泌有自我调节的功能，当你过度地清洁，感觉到皮肤水分和油分缺乏的时候，就会自动地分泌出更多的油脂来补充，这就是很多人会“越洗越油、越吸越油”的原因。

（2）去角质

毛孔粗大还有一个幕后黑手，就是废旧堆积的角质层，会堵塞毛孔，使毛孔越来越粗大，甚至还会形成黑头、粉刺等肌肤问题。所以去角质也是一个不容忽略的步骤。

Tips:

去角质产品一周使用一到两次，这个频率还是因人而异。一般来说，偏干性肌肤一周建议使用一次即可，油性皮肤则可使用两次，在洗完脸后去角质就行。去角质的频率太高，也会有变成敏感肌的风险。

（3）乳液、面霜

保养的最后一个步骤要靠乳液来锁住肌肤的水分或营养，这也是乳液、面霜最重要的一项功能。需要根据你的皮肤类型来选择产品，偏油的皮肤可以选择清爽型。

问题二 | 敏感

症状：

皮肤表皮层较薄，隐约能看到红血丝，即皮下毛细血管；皮肤偏白，没有适当的黑色素保护，难以抵抗紫外线的侵袭；角质层较薄，皮肤锁水能力差，极易干燥或因过分干燥而油脂分泌过多；皮肤抵抗力弱，容易受到外界刺激并产生明显反应，比如泛红甚至过敏。

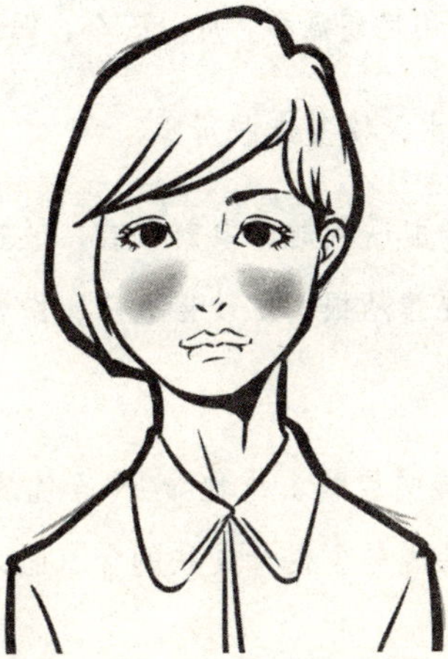

对策：

（1）镇静舒缓，退红抗敏感

敏感肌肤最大的苦恼就是动不动就过敏，出现过敏症状时，不要惊慌，要当机立断马上舒缓皮肤。全脸过敏，可以用矿泉水或含消炎镇静成分的化妆水做水膜；局部敏感的话，也可以浸湿化妆棉，敷在红肿的位置，直到红肿过敏的状况消退。

（2）适度洁面，保护角质层

干燥性敏感皮肤最不应该做的就是过度清洁，一天洗脸一定不要超过两次，频繁使用去角质产品或清洁面膜更是不明智的。过度清洁会带走皮肤表面的油脂和水分，让角质层越变越薄。选择洁面产品的时候最好是用性质温和、成分安全、保湿力强的种类。

（3）有效补水，恢复皮肤屏障

缺水是大部分肌肤问题的罪魁祸首，敏感当然也和缺水脱不了干系。所以，要想从根本上改善敏感，做好补水工作当然是最重要的了。

可以选择含透明质酸、维他命 B5 等优质保湿成分的护肤品为皮肤补水，这些成分会提升皮肤的含水能力，同时还可以恢复皮肤的屏障功能。

（4）及时锁水

补水之后，千万不要忘了锁水，否则就前功尽弃了。

正常健康肌肤会自行调节油脂分泌锁住水分，但干燥性敏感皮肤却不能。因此补充水分后，必须立即涂抹上乳液或面霜，封存住刚刚补充的水分。

注意防晒，抵御紫外线刺激。

如果说缺水是大部分肌肤问题的内因，那么紫外线照射则是大部分肌肤问题的外因。

虽然说为了减少刺激，敏感肌护理一向主张精简护肤，但防晒是绝对不能省的，非但不能省，防晒霜的量还一定要足。

问题三 | 长痘

症状：

也许你已经过了长青春痘的年纪，但是由于各种原因还是会破坏皮脂膜的酸碱平衡，反映到脸上就是面色灰暗，更有莫名其妙的暗疮或痘痘出现。

对策：

（1）清洁

痘痘肌的清洁，首先不能选择清洁力过强的洁面产品，一般这类产品都比较刺激，反而会加重我们的痘痘恶化，选择温和的祛痘啫喱最合适。

（2）补水

洁面之后使用的爽肤水一定要选择清爽但具有祛痘效果的产品，不要太过油腻的，会让肌肤呼吸不畅，加重痘痘的爆发。

（3）祛痘产品

用过爽肤水后，要想摆脱痘痘的困扰，一定要涂上祛痘精华。

（4）锁水

最后一步是涂上乳液，保湿锁水，很多人都是因为缺水引起的痘痘。选择那些不含油脂类，却含有一些长效保湿因子如：透明质酸、粘多糖、胶原蛋白、蛋白酶、尿囊素等成分的乳液。但是如果你是很严重的痘痘肌，千万不要自己瞎折腾，抓紧时间去看皮肤医生。

解决了这些恼人的皮肤问题，即便你没有那些当红的奶油小生那样逆天的颜值，但是光滑平整没有瑕疵的皮肤还是会为你加分不少的。不出意外的话，还会有女生和你讨论护肤之道呢，这样一来，还会担心聊天没有话题吗？

看到这里的小伙伴，赶快记好笔记，根据自己的情况选择适合自己的护肤品吧！

发型管理：打理好你的第二张脸

要说这世界上最难沟通的人群，发型师称第二，谁敢称第一？！对于广大的小伙伴来讲，找到一个理想的发型师，难度等同于找到一个理想的女友！小妖知道看这本书的小伙伴都是对生活和形象有着高要求的人。

可事实上，当你们看着时尚杂志上那些帅哥们的发型时，再回顾自己曾经失败过 N+1 次的发型，想想因为发型失败而被女生嘲笑的“噩梦”，我们不禁要思考一个问题——如何和这群“讲不听”的发型师沟通？

说实在的，我们首先要为发型师“拨乱反正”，理不出理想发型的原因不光是发型师的理解力问题，更多的是我们的沟通上出了问题。

所以在最开始，我们需要明确知道三点：

一、如何选择一家理发店？请一定要杜绝街边小店、造型师自己非常杀马特的店，所以装修精致有审美、造型师着装得体的中档理发店是首选，毕竟太高档的消费实在是有点高；

二、自己选好两至三张图片，带给发型师做参考，再结合发型师的意见，这样能在很大程度上避免出错；

三、选定一个熟悉的发型师，以后为你专属定制，因为长久相处之后，他可能会比你更加了解你的需求。

理发这个行业，属于服务行业，发型师们的态度绝大多数都是温和、尊敬客户和善于沟通的，但凡是一家中档的理发店都可以满足我们的日常发型需求，想让发型师更理解你？其实，我们首先要更了解自己。

职业、身高、脸型、发质、发量，这五大要素你是否已经了解？你理想中的发型，究竟能不能根据你自身的情况完美地实现？当你了解了以上这些问题后，你的沟通才会更有效率，发型师也不会一头雾水地乱剪一番。记住，了解你自己是第一步！

职业：也许你在国企上班，发型有特殊要求，那请及时告诉发型师你不需要染发和刻痕；如果你在一个“靠形象吃饭”的环境中工作，你可以咨询发型师最近有什么新趋势和新灵感；如果你是一个自由工作者，那么就去寻找一个让你感到舒服又美观的发型。

身高：合适的发型可以在视觉上使人瞬间增高，所以，记住这句经典名言：身高不够，发型来凑。

发质和发量：都说国外的发型师无法给亚洲人理发，就是因为他们并不了解我们的发质和发量。你是否天生“自来卷”？或者你是不好打理的“沙发”？也可能你是不好造型的“黑长直”？你的发际线是否逐年“高升”？把实情先告诉发型师，他们会在处理发型时更加注意扬长避短、有的放矢。

脸型：这是最重要的一点，毕竟头发和脸是“亲兄弟”，我们把脸型大概分为四大类来探讨。

1. 鹅蛋形脸：恭喜你，这是一种能够驾驭各种发型的脸型，但请注意，一定要干净利落，不要有厚厚的刘海儿，毕竟，谁都不想变成“杀马特”……

2. 方脸：这是一种很 Man、很硬朗的脸型，和椭圆形脸一样，适合的发型非常多，背头、寸头都很好看。但请注意，不要在一张刚强的 Man 脸上冠以柔美的“孱弱美少年”发型。

3. 长脸：脸长的人唯一要注意的一点就是：尽量不要把头发向上梳，可以学着韩国帅哥们把刘海儿留长（不要超过眉毛）。除此之外，其他的发型都可以尝试。

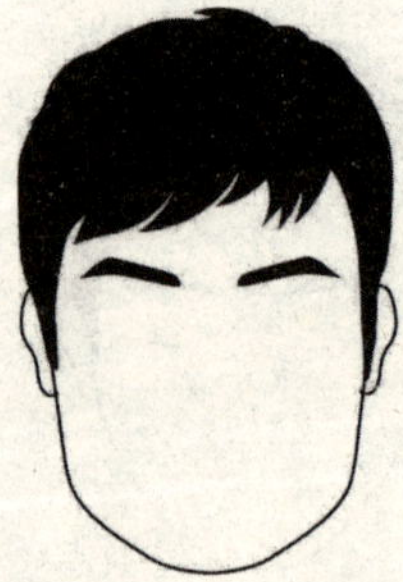

4. 圆脸：圆脸的人最适合有明显形状的发型，这样可以增强整个头部的立体感，可以配合胡须，弥补下巴和两颌线条的不足。

以上的所有发型都有一个相同的先决条件，那就是：需要打理，需要在每天出门之前，用吹风机、发泥或者发蜡、定型喷雾来打造。

一个适合自己或者搭配整体着装风格的造型不可能睡一觉睡出来。如果不会，可以在理发店请教造型师，也可以在家里不断进行尝试。

如何沟通？

终于到沟通了，有了上面的准备，你才会胸有成竹的与发型师表达意见。首先我们要记住一个原则“沟通请量化”。

第一步：把你之前做好的关于自身情况的知识给发型师先灌输一遍。

第二步：找出你选好的发型图片，问问发型师哪个是基于你自身条件可以实现的，哪个是不能实现的；哪个是合适的，哪个是不合适的。

第三步：选取沟通后得出的最合适你的那款发型，就可以开始打造了。

接下来就是重点了，这里列出几种沟通话术的对比，告诉大家什么是无效沟通，什么是有效沟通。

我想剪短点儿。

两侧大约留 2 厘米的长度，我平时会用发蜡抓头发，所以顶部请保留现有 2/3 的长度。

刘海儿修一修，别太长也别太短。

请把刘海儿的毛茬去掉，修短到鼻梁的位置，两边去薄，头顶剪出空气感。

剪个短寸。

两侧剪短到微微透出头皮，保留鬓角痕迹，我太阳穴有些凹陷，所以请不要把耳朵部位的头发剃太短。顶部稍稍长出一厘米，整体形状请修圆，两侧注意过度。

以上这些可都是身边小伙伴“以身试法”后得来的“多么痛

的领悟”！

最后，在祝朋友都能找到理想中的发型师的同时，也请小伙伴们一定要记住一点：良好的沟通加理想的发型师可以为你带来最大化的改变和惊喜！

女生们喜欢“折腾”头发，因为新发型可以给她们带来半个月的好心情，而汉子们更是要好好“折腾”头发，因为发型帅气的你将会是女生们下个月的“好心情”哦。

体味管理：
体味和男生味不是一回事

香汗淋漓、香汗津津这些词语，用来形容美女时，颇有巫山云雨的娇嗔之势，而对于男生，汗流浃背这件事，唯一能容忍的画面却只能出现在健身房。我不止一次看到朋友圈里的女性朋友们抱怨在地铁里、电梯里、办公室里那些散发着“男生味”的爷儿们是如何毁掉一切美好气氛的。不过，大部分男生并不懂得这个道理，依然自信地认为：汗味＝男生味。

亲爱的小伙伴们，不论是在哪一个季节，我们都需要重点关注体味。不然女生往你怀里一靠，然后忍不住就直接吐了……这画面太美好，我不敢想象。

细节决定成败，谁愿意接近一个好似刚跑过马拉松的“人体瀑布”呢？请明白一个道理：汗臭味≠男生味。你印象中的男生形象，并不一定合女生们的胃口。

如何避免这种尴尬？废话不多说，下面是干货时间。

汗腺这件事儿

俗话说，男生出汗，女生脸红。出汗这件事，老天爷对待咱们男性同胞确有不公，男性普遍高大，所以汗腺分布当然更多。我们要先弄清汗腺的分布。人体汗腺分布的灾区主要集中在：腋下、腹股沟、后背、会阴。

汗液本身是无色无味的，有时候那股浓烈的味道又源自哪里呢？

（1）夏季温度高，汗水中的蛋白质、碳水化合物和脂类经过细菌分解以后，就产生了特别的气味。

（2）相比其他季节，人类在夏季更容易精神紧张，易怒易敏感，这些变化都会导致血液循环和代谢的改变，从而导致汗量增加。

（3）油炸食品、啤酒、撸串、辣鸭货，简直吃得不要太爽哦！但这些油腻刺激的食物最终会转化成你腋下的咖喱味。

（4）非夏季，有些男生不喜欢洗澡，一旦有体味产生，经过几天的沉淀发酵，然后一发不可收拾。

给你支招

想要避免体味，我们给出的方法是：止汗＋香体。

近几年，男士香水已经得到了广泛的普及，如何用香，我们就不再重复了。但夏天只用香水是不够的，因为我们知道：香与臭的决斗只会导致更臭。所以，止汗和香体的完美搭配，既满足了对于某些部位的重点关照，又满足了全身清新的“表面功夫”。

◇◆用什么

止汗剂中真正起作用的成分是铝盐，铝盐在接触皮肤表面后，会吸收汗液的水分，它除了有抑汗作用外，也是一种抑菌成分，所以含有氯化羟铝的止汗剂，同时可以抑制汗臭味。目前男士止汗剂市场上主要流行着三大类产品。这三类产品质地不同，但效果和原理大致相同，可根据个人喜好进行选择。

（1）止汗走珠香体露

带有滚珠，涂抹对应部位即可达到止汗效果。

优点：满足日常止汗需求，适合上班族和久坐族；瓶体小，方便携带。

缺点：刚涂上会有些黏稠，需要晾干；不适合高温下的体力劳动者，容易被汗水冲淡； 走珠容易沾染异物。

（2）止汗喷雾

按压式喷雾，不直接接触皮肤，用量容易控制。

优点：自带降温功能，清凉干爽；香气比走珠浓烈，适合爱运动的兄弟们随时爽一下。

缺点：瓶体偏大，不适合随身携带。

（3）止汗香膏

旋转式膏状涂抹型，用量少，更耐用，经典的大牌香水几乎都有对应香型的止汗香膏。

优点：满足你挑剔的鼻子，适合有具体香味需求的时尚先生和潮人们；体积小，方便携带。

缺点：有些厚重，涂多了会有黏腻感。

PS. 止汗强度：香膏 ≥ 走珠 ＞ 喷雾；快干程度：喷雾 ＞香膏 ＞ 走珠；卫生程度：喷雾 ＞ 香膏 ＞ 走珠。

◇◆ 用在哪儿

（1）腋下

重灾区一定要特别重视，一定记得要在清洁后使用，外出情况下，可以用湿纸巾擦拭后再喷涂。

（2）后背

衬衫后面湿一片？我想你一定经历过这种尴尬。一般建议在肩胛骨之间喷两三下就可以了，不要贪多。

（3）手肘内侧和膝盖后侧

这两个部位是经常活动和弯曲的部位。打个电话，手肘内侧就湿透？女同事捡起掉在你脚下的笔时，闻到了你的汗馊味？

只需各喷一下就可以缓解这两大烦恼。

（4）后脖颈

终于知道为什么你的衬衫领子总是那么黄了吧？涂一下，让你的白衬衫再多活一年。

私密小贴士：腹股沟部位，也可尝试喷涂两下（不可贪多哦），让你的“小兄弟”不再闷热潮湿。

各位男生，如果你没有机会一直在空调房待着，如果你不是天生无汗症，那就请正确地区分体味和男生味，明智地选择止汗产品。让每一位女生觉得你身上的味道很好闻，才是真正的性感。

从今天开始，我们的目标就是：没有体味，解锁更多体位！

型男穿搭：让你比 99% 的男生更有吸引力

随着时代的发展，人们对于外表的要求也是日益严苛，与其说是对外貌更关注，不如说是对品质生活更向往。为了更好地帮助大家，小妖分享以下型男搭配建议，帮助你成为更优秀的自己。

商务休闲装

商务休闲是最受女性群体欢迎的搭配，商务休闲究竟该如何界定？Business Casual（商务休闲）简单来说，是一种在正式场合的非正式着装方式，它介于商务正装（Business Formal）和休闲（Casual）之间，不会过于严肃刻板，也不会太随意。商务休闲只是一种着装搭配方式，从正式程度来界定：商务正装>商务休闲>休闲装。

商务休闲究竟该怎样穿?

典型的商务休闲着装这样搭配：白色/浅蓝色/格纹衬衣，不系最上面一粒扣；不用打领带或领结；海军蓝/灰色休闲西装外套（blazer）；灰色/海军蓝长裤；棕色牛津鞋或德比鞋。

所以，我们先来聊一聊：如何在任何季节、温度、场所把商务休闲装穿得优雅而得体。

选择1：衬衫

衬衫应该是商务休闲必不可少的单品之一，也是男士占有率最高的单品了，甚至到了人手至少一件，比起圆领T恤，更能体现成熟男生的魅力，但请主动避开雷区。一定要选择长袖衬衫并挽起至手肘附近，体感温度与短袖衬衫相差无几，但魅力值提

升许多。还有小妖在这里想说：大家在任何时候都不要穿短袖衬衫，一定！答应我！作为职场男，白衬衫一定是必不可少的。笔挺的白衬衫加上中规中矩的西服套装，可能会让你看起来像房产中介或者保险销售。比较妥帖的方式是搭配上原色的休闲皮鞋与皮带，弱化白衬衫的正式感。

除了白衬衫，条纹衬衫也相当受欢迎。搭配领带与西裤，马上就能变得很 professional。

要记住的是，不打领带的时候，衬衣最上一粒扣子不用系上。当然，你要是足够自信，想解几个扣子解几个扣子。

选择 2：Polo 衫

Polo 衫作为休闲服饰历史上的经典传奇之一，在男生衣橱中的占有率一直很高。因为它既不像无领 T 恤那样过于随便，又不像衬衫那样呆板严肃，非常适合在带有商业性的娱乐场合穿着。

这里说的Polo衫可不是那种带条纹印花的Polo衫哦！

最好选择一些纯色的Polo衫，但注意纯色不是要你随便选颜色，而是要选择一些经典的颜色（深蓝、黑色、白色等），纯色Polo衫比印花、条纹Polo衫更显正式感，适当解开扣子可以增添休闲氛围。

有一些中国人认为Polo衫就是“老头衫”，40岁以上的中年人才穿。殊不知，Polo衫不仅是年轻、运动的服饰，更代表着绅士化的品位。纯色Polo衫配上浅色休闲西裤与乐福鞋，是非常加分的男士通勤着装。

选择3：浅色长裤

商务休闲的裤装，虽然不必和套装西裤一样正式，但是也不

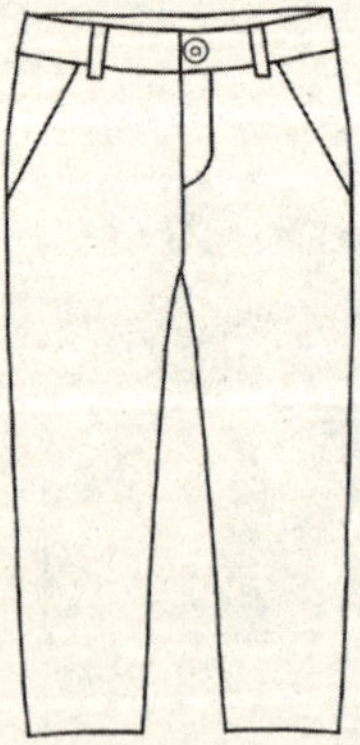

能过于休闲，小妖一直认为普通牛仔裤不可以列入商务休闲裤装范畴。但是，日常休闲装这样搭配也可以说是帅得不行。尺寸上过于宽松和紧身都不得体，修身款最好；颜色上，藏蓝、黑色等较深的颜色适合秋冬季节，在夏天大家可适当多选择一些白色、浅蓝等颜色，让整个人看起来更加清爽、得体。

常见单品搭配

单品一：T恤

T恤是夏季最经典的单品，深得大众喜爱，不过男士在选择T恤时，尽量避免选择图案复杂和大 logo 的版型，因为这样容易给人一种缺失稳重的感觉。

可搭配休闲裤、牛仔裤和运动裤，让整个人看起来更加轻松自在，鞋方面搭配休闲鞋、运动鞋以及休闲皮鞋都是不错的选择。

单品二：卫衣

卫衣可以称得上是休闲与潮流完美融合的产物，男士卫衣搭配长款衬衫，儒雅又不失时尚，搭配牛仔裤或直筒小脚西装裤，再配上休闲皮鞋，会给人呈现一种不一样的时尚感。

单品三：针织衫

圆领针织衫可内搭衬衫，增加层次感，搭配深色系休闲裤，可使整体配色更加高级。翻领针织衫可内搭衬衫、T 恤，搭配休闲裤、牛仔裤，棕色休闲皮鞋可谓是整体的点睛之笔。针织衫的整体搭配中，鞋子的选择属于重中之重，建议选择黑色、白色、棕色的休闲鞋或休闲皮鞋。

单品四：牛仔外套

牛仔外套是春秋男装中的经典单品，如何搭配才能避免俗气，并且成为大众“吸睛石”呢？搭配衬衣（白色、浅蓝色）、T 恤，再配上深色裤子，最后休闲皮鞋或短靴（黑色、棕色），让你成为人群中最耀眼的存在。

当然个子偏矮的男士，不建议搭配短靴，会在视觉上减少身体长度。

单品五：风衣

风衣被誉为“打造型男的最佳单品”。风衣搭配西装，配色区分，层次分明，打造一身英伦风。风衣搭配高帮潮靴、低帮潮靴、复古牛津鞋、皮鞋，稳重而又不失新潮。

单品六：大衣

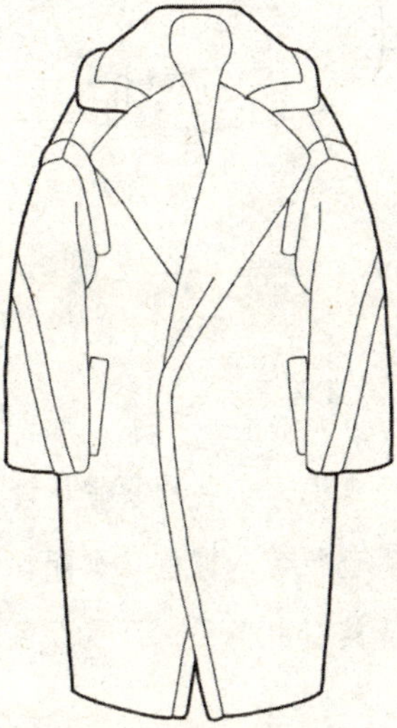

作为冬季的必备时尚单品，既能抵御严寒，又能凸显品位，带你彻底摆脱臃肿难看的羽绒服。大衣的经典内搭有针织衫、连帽卫衣、西装、高领毛衣，都能给人一种有品质与品位的高级审美感。

西装裤和休闲裤都是男士大衣的经典搭配单品，再配以休闲皮鞋、皮鞋、短靴，可以淋漓尽致展现绅士感。

单品七：腰带

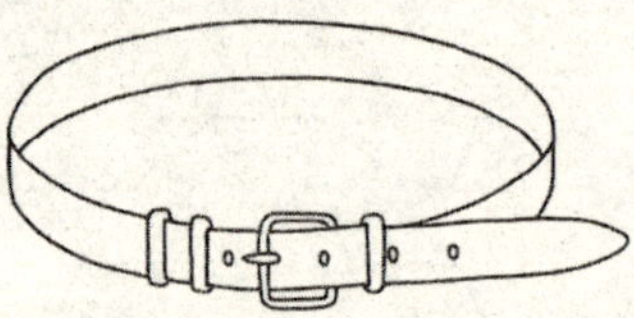

◇◆ 腰带究竟该怎么选

先从颜色的角度来说，正装的腰带最好要和你鞋子的颜色相匹配，黑色鞋搭配黑色腰带，棕色鞋则配棕色腰带。而对于休闲装来说，腰带的选择就有很多了，只要颜色方面搭配得当，你就是最帅的那一个。

关于材质的选择，现在市面上常见的腰带有猪革、牛皮、羊皮、鳄鱼皮，以及休闲的帆布带。男士们如果难以抉择，可以考虑最简单的款式。在选腰带时，最好先试系，腰带系好后，尾端应介于第一和第二裤袢之间。腰带的宽度最好保持在 3 厘米。太窄，会失去男性阳刚之气，太宽可能显得没有质感。

◇◆腰带的正确系法以及腰带该怎么搭配

一般男士腰带系在肚脐下方接近两指的位置最为合适，这样不会引起腹部的不适感。对于正装三件套时腰带的搭配，小妖只有一句想说的，男生永远要记住：大简即雅！所以再次劝你如果不是气质出众，请选择基本款的腰带，腰带请和鞋子的颜色相同。

单品八：墨镜

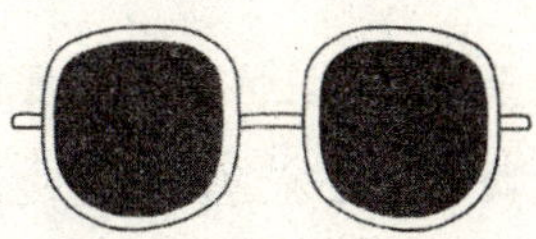

不论哪个国家，大多数的路人脸和潮人型男之间，只差了一副逼格满满的太阳镜。选错太阳镜会让你变丑，根本原因是跟自己的脸型不搭。

1. 方形脸忌方框

不论是长形的方脸（国字脸）还是短一点的正方形脸。因为脸部线条已经很有棱角，更适合戴圆弧轮廓的眼镜。柔化了脸型过于方正的强势感，还能显得人更有书卷气。

2. 圆形脸忌圆框

与方形脸的原理相同，有棱有角的方形眼镜可以加强圆形脸的男生气概，毕竟有点棱角才够 MAN。

3. 椭圆形脸忌细长框

拥有椭圆形脸的本应是万能百搭脸（很多明星都是这个脸型），但细长框的太阳镜会显得脸更长。最佳的选择是比脸宽略宽的镜框，这样才能达到最佳视觉比例。

4. 三角形脸忌小圆框

三角形脸额头窄下巴宽，让人感觉脸盘很大。如果戴了比较窄小的小圆框，更显脸宽。正确的款型是这种镜框两侧有突出眉边的旅行者眼镜。可以让脸型看上去精致很多。

5. 菱形脸忌细扁框

菱形脸上下窄，颧骨最宽，戴上窄窄的细扁框会横向加大颧骨的宽度，使得脸型更不和谐。最合适的是边框高度大的旅行者眼镜，戴上它立刻神采飞扬。

6. 倒三角形脸忌水滴形框

如果你刚好长了一张万人迷的倒三角形脸，也不能高兴到忘我。倒三角的脸型下巴最窄，整个脸的走势向下。戴水滴形的蛤蟆镜，脸型会更加下沉。正确的是方正的直线条眼镜，戴上还有种复古英伦气息。

各类男生的搭配建议

类型一：偏矮身材男生

这类男生身高低于170厘米，很多身高不是特别高的男生会有自卑的心理，因为觉得自己在外形上有“缺点”，所以在和女生相处的过程中，因为自卑作祟，不够自信，从而出现各种失误，心态的问题小妖在这里不讲，之后的内容会详细分析，这里先教你如何让自己看上去高一点。

首先是发型，可以参考能够在视觉上提高身高的发型，背头能够在视觉上为你增加3~5厘米的身高。这样能够在第一印象上为自己加分。

再就是穿衣和搭配，鞋子尽量选择有跟的皮鞋或者带底的休闲鞋，能够在一定程度上修饰腿形，记住千万不要随便尝试马丁靴，会让你的腿看上去只有半米。鞋子与裤子同一色系，也能够在视觉上延长身高。

裤子选择西装裤或者深色修身款（修身不是紧身），温暖的天气可以尝试把裤腿挽起来，露出脚踝或者袜子，错层能够在视觉上拉长腿长，雷区是低裆裤。

类型二：普通型身高的男生

身高在170~178厘米，身高不出众，身材还过得去，唯一的缺点是，如果你穿衣服没有特色，就容易沦为一个丢在人群里的不起眼的路人甲，所以在发型的选择上一定要选择有气场或者有特色的。

在着装上记得一个宗旨：扬长避短，只要不过分作死，基本上不会有错处。在这个身高段的男生，一定要找到自己的定位，是阳光型、优雅型还是霸道总裁型，找准定位，然后按照这个风格去穿衣收拾，在第一眼就吸引女生，也不是不可能的。

类型三：拥有男神级别身高的男生

身高178＋厘米，如果还正好拥有一副好身材，那么，在第一印象这一关上就占有绝对优势，所以在穿衣上一定要记得凸显自己的优点！大长腿一定要展现得淋漓极致，有肌肉当然可以在不经意间展现出来。

类型四：偏胖或比较胖的男生

如果你属于偏胖或者比较胖的男生，第一建议是减肥，首先是因为肥胖影响身体健康，再就是，女生会下意识地觉得：一个连身材、体重都控制不了的男生，一定是一个纵容自己且生活不规律的男生。

在穿衣服上的宗旨就是藏肉，有这样几个小技巧：

（1）V 领比圆领要显瘦；

（2）敞开外套，让视线集中在中间那条线；

（3）用装饰物遮挡，比如说围巾、帽子等；

（4）冷色调和条纹会显瘦；

（5）修身衬衣要比宽松的 T 恤更显身材；

（6）裤子不要太宽松。

当然，用这些小技巧能够遮住的肉是有限的，如果你真的想要在外形上吸引到女生，减肥和健身是不二选择。

最后，推荐给绅士们几部可以耐心下来好好欣赏西装与鞋履搭配的电影，感受一番男士正装的无穷魅力：

◇◆ No.1

《了不起的盖茨比》

看这部影片时，你可以直观感受到美国 20 世纪 20 年代的歌舞升平，人人穿衣精致讲究。无论是从配色还是造型，《了不起的盖茨比》完全可以作为绅士们的西装启蒙电影。

◇◆ No.2

《国王的演讲》

科林费尔斯这位英国演员把最传统正式的绅士风演绎到极致。他在片中扮演英国国王乔治六世，就是伊丽莎白女王的父亲。双排扣西装是英式西装中的经典，代表着沉稳、学院派，文艺个性十足。

Tips: 英式西装，多用有结构的形式制作：全麻衬（Full canvas）、全里衬（Full lined）、厚垫肩（Full padding）。看上去肩膀宽厚，体型挺括，棱角分明，优点是塑形效果好，缺点是比较拘谨、动起来不灵活。

◇◆ No.3

《王牌特工》

因为这部片子的拍摄，很多人第一次走进了“英国裁缝一条街”——大名鼎鼎的萨维尔街。老裁缝、手工定制、条纹、呢子。科林叔身穿双排扣条纹西装一出现，你就知道他代表着英国的复古时尚。

◇◆ No.4

《教父》

作为意式风格西装的启蒙电影，马龙·白兰度的教父造型除了庄重就是庄重。整片都是黑色西装，从来没有出现过其他花哨的配色。所以很多人心目中，意大利黑手党便是黑色的。

二代教父阿尔·帕西诺没有了父辈的大肚子，他钟爱的是更加文雅庄重的西装三件套。

Tips: 意式西装，多采用无结构的方式制作：半麻衬（Half canvas）、无里衬（Unlined）、薄垫肩（Less padding）。西装自然包裹身体，感觉柔软舒适，衣服随着人活动，也是现在男装界比较主流的服饰之一。

房间整理：
私密空间的断舍离整理术

很多时候，我们都会有这样的感觉吧。当你莫名烦躁，或者忙到焦头烂额的时候，想抬起头从眼下的烦躁中抽离出来，却发现周围的一切都不尽如人意，比如杂乱的房间、毫无条理的衣柜、拥挤的堆满文件的办公桌，我想这种情况下，爆粗口已经不够表达你的愤怒了吧，一地鸡毛的生活更容易无限放大你的负面情绪。

所以，想要日子过得舒心一点，你该学会断舍离了，从方方面面着手，让生活精简一点。整洁的环境对于身体健康、心情指数、学习集中度、执行力都有非常积极的效应。

关于房间的整理

很多男生的房间真的是一言难尽啊，桌子上都快发霉了的外卖盒和方便面盒、发黄的烟灰缸里陈年的烟灰烟蒂、凌乱的鞋子袜子、床上的各种替换下来的脏衣服、书架上散乱的书，还有阳台上快要蔫死了的绿植……这样的房间住着舒服吗？还是收拾一下吧。

第一步，扔东西。

首先是垃圾，赶紧清理出去，瓶瓶罐罐、包装盒还有各种生活垃圾留着只能让房间变得杂乱，还有一些几年不用、已经光荣退休的各种生活用品，也都该安置到垃圾场了。

第二步，收纳。

收纳的时候，推荐大家一些神器。鞋架、落地衣架、脏衣篓、置物架。把当季的鞋子整齐摆放在鞋架上，其他季节的鞋子刷干净装到鞋盒里收起来，鞋架放在门口，整个房间会整齐很多。

最近要穿的衣服用衣架搭起来挂到落地衣架上，不常穿的衣服收到衣柜里。每天换下来的脏衣服放到脏衣篓里，几天集中洗一次；一些小的摆件，或者生活用品，比如护肤品、吹风机、水杯、书籍可以分层放到置物架上。给房间里的每一个物品都找一个家，用过的东西就应该放回去，不要乱放。

第三步，摆放。

合理地规划空间，房间里的东西如果合理地放置就会起到意想不到的效果，比如我们可以把衣柜或鞋柜这样的大件靠墙放，落地衣架放到靠近阳台的地方，经常用的东西放在容易拿取的地方，不用的可以收起来放在床底或者衣柜上面。

第四步，清洁。

这里的清洁就是把床头、桌子、柜子等上面的灰尘、污渍都擦干净，换上干净的四件套，地板也认真擦干净。整个房间一尘不染的时候，你的心情也会晴朗起来。

关于衣柜的整理

第一步，扔衣服。

保留几件高品质的、经常会穿的、符合你风格的衣服。至于那些既没有价值又浪费空间的衣服，还是赶紧把它们丢进楼下的垃圾箱吧。是的，衣服在精不在多。

那些你瘦的时候或胖的时候经常穿的衣服；别人送的买错尺码的衣服；因为洗涤次数过多，缩水或失去弹性变得松松垮垮的衣服；不小心刮破蹭破的衣服；因为穿太久发黄洗不干净的衣服；有油渍、血渍等清洗不掉的衣服；褶皱熨烫不平的衣服；穿着太久褪色失去原有光泽的衣服：纽扣、拉链、装饰物丢失或损坏无法修好的衣服；还有不符合你风格的衣服，都要赶紧从你的衣柜中清出去。

第二步，收纳。

首先，收纳盒、收纳袋和衣架是必不可少的。

衣服要根据季节分类整理，不穿的衣服洗干净叠整齐分类放到收纳袋里，会节省很大一部分空间，当季要穿的衣服，也要分类整理，相同种类的衣服用衣架搭起来挂到一起，既整齐又方便拿，裤子叠到一起，内裤、袜子放到专用的收纳盒里，收拾好以

后，整个衣柜就会一目了然。能挂起来的衣服，尽量不要叠摞，叠摞容易让衣服出褶子，还会把整摞衣服弄散，如果必须叠摞的话，不要超过五件。

一点总结

关于自己每天睡觉休闲小家的收拾整理就先到这里，但是这个话题还没有结束，我们还要做到一点：“断舍离”，断绝不需要的东西，舍弃多余的废物，脱离对物品的执着。

所以光把没用的东西丢掉是不够的，还要学会拒绝诱惑，抑制你的购物欲，不需要的东西就不要买回来占用空间了。那些收集癖、囤积癖赶紧想办法治治吧，精简生活是提升生活品质的第一步。

精简生活，做生活的主人，即便做不到把日子过成诗，也一定要让自己从一地鸡毛中解脱出来。

后记 | Postscript

不知道你是否曾经经历过，听着一首老情歌，突然就失控哭到崩溃；

在偌大的城市里，孤单得好像被全世界抛弃；

生病时一个人走到医院，取号、交钱、拿药、等车、回家、等外卖，什么都是一个人；

……

无数个这样的时刻，我都以为，我这一生可能再也没有办法遇到爱情了，找一个普通点的人吧，将就着，起码能够有一个人陪着，不至于变成一个异端。

有一次一单身的朋友在距离我 13 个时区的纽约和我发微信，分享他生活的趣事，吃到了如何好吃的牛排，看到多好的风景。那一刻突然感觉非常深刻的寂寥，大概是他没有找到一个可以分享的“意中人”，所以只能退而求其次选择一个“朋友”，到底还是有一些难过与不圆满的吧。

单身最大的苦楚在于世俗的眼光，在于你看到美景吃到美食时找不到一个真心想要分享的人，在于看完电影散场之后没有一双牵起的手，在于悲伤难过时没有一个拥抱。诚然，这些令人难过，但是，独处的快乐，书本里精妙绝伦的句子，电影的精彩，自我的修养与成长，才是你生活里最精彩的地方。你一生中最漫长的时光是独处，它只能陪你一段路，或长或短，你的生活才进行了三分之一或四分之一，所以，根本不用惶恐不安，它一定会来临，耐得住最深切的寂寞，才能收获最美好的爱情。

真爱呀，就像是高潮，她来了你才会知道。不然，即便是找到了一个合乎世俗标准的“合适”的女生，也只能是，你和她说，大海很美，她说，大海淹死过很多人。谁也没有错，只是不合适。

小妖经常会收到用户的求助：“老师，我相亲认识了一个还挺合适的女生，她好像不热情。”

其实，对于每一个由亲戚介绍或者相亲认识想要长久的发展的求助者，我都会很认真地确定：你是因为喜欢她还是因为现在缺少一个女朋友才想要长久的发展？如果仅仅是因为现在缺一个女朋友或者是并没有多少真实情感，我都会希望你再认真考虑，情感自由的定义是你能够让你喜欢的女生喜欢上你，而不是将就。

你要做的第一件事是，你要为自己制订一个喜好的标准，爱上一个人的感觉就像是高潮，一旦你遇到，你就会知道：来了，是她。所以，你要做的，并不是被动地去相亲，而是按照自己的喜好标准，主动地去认识更多的女生，拥有庞大的基数的情况下，你才会有更大的可能遇到真心喜欢的女生，不只男生，女生同理。

相亲，不应该成为你找到女朋友的一个手段，而应该是你认识更多女生的方法，你不要把这个女生当作是你未来的女朋友，而是应该要把她当作一个女性朋友，用朋友的方式去相处，相信我，有时候你会有意料之外的收获。

也有很多男生回来找我吐槽："对她一心一意感觉也有错，为什么她就是不爱我或者是为什么她还是要离开我。"爱情最残酷的地方在于，你付出了真心，不一定换得回真心，你一心一意对女生好，她也没必要对你感恩戴德，我知道，这不公平，可是成年人的世界，从来没有那么容易。

爱一个人或者说喜欢一个人从来都是自己的事情，你喜欢她，请善待这一份感情，不要试图要求回报。成熟一点吧，感情的事情没有道理，也不是数学公式。你好，才有人喜欢你；你不够好，即便你对人掏心掏肺，也没人会感激你。而且，很多时候，你的真心应该藏得好一点，因为真心不一定换来真心，把你的爱留给更值得的那个人吧。

我也曾经历过爱而不得，曾无数次在爱情里碰壁，曾因为自己的无知无助伤害了爱我的人，也曾为了爱不顾一切，甚至于愿意背叛整个世界，喝酒熬夜到天亮或是放逐自己去流浪，把自己折磨得遍体鳞伤。你所经历的一切，我都曾经历过，我都懂得，不论你现在处在什么阶段，请一定要坚持善良，也要相信你并不孤单。

《圣经·哥林多前书》第 13 章中有一段关于爱情的描述：

"爱是恒久忍耐，又有恩慈；爱是不嫉妒，爱是不自夸，不张狂，不作害羞的事，不求自己的益处，不轻易发怒，不计算人的恶，不喜欢不义，只喜欢真理；凡事包容，凡事相信，凡事盼望，凡事忍耐；爱是永不止息。"

祝福你，终得遇一良人，白首不相离。